现代化语境下的两性和谐问题

——马克思主义妇女观和西方女性主义比较研究

何华征/著

九州出版社
JIUZHOUPRESS

图书在版编目（CIP）数据

现代化语境下的两性和谐问题：马克思主义妇女观和西方女性主义比较研究 / 何华征著 . -- 北京：九州出版社，2015.3（2025.7重印）
ISBN 978-7-5108-3565-0

Ⅰ . ①现… Ⅱ . ①何… Ⅲ . ①马克思主义–妇女学–研究②妇女学–研究–西方国家 Ⅳ . ① C913.68

中国版本图书馆 CIP 数据核字（2015）第 058740 号

现代化语境下的两性和谐问题：马克思主义妇女观和西方女性主义比较研究

作　　者	何华征 著
出版发行	九州出版社
出 版 人	黄宪华
地　　址	北京市西城区阜外大街甲 35 号 (100037)
发行电话	（010）68992190/3/5/6
网　　址	www.jiuzhoupress.com
电子信箱	jiuzhou@jiuzhoupress.com
印　　刷	三河市宏顺兴印刷有限公司
开　　本	880 毫米 ×1230 毫米　32 开
印　　张	8
字　　数	187 千字
版　　次	2015 年 4 月第 1 版
印　　次	2025 年 7 月第 3 次印刷
书　　号	ISBN 978-7-5108-3565-0
定　　价	54.00 元

目　录

第一章　妇女问题及其演变

第二章　马克思主义妇女观的形成和发展

第三章　现代女性主义妇女观概论

第四章　评析和比较：对话和碰撞中的理论升华

第五章　中国现代化进程中的两性和谐问题

第六章　新媒体时代两性关系的机遇与挑战

摘 要

前资本主义时期，伴随私有制一同诞生的男权主义思想一直在两性关系中占统治地位。随着资本主义现代化开始，妇女逐渐进入社会的主要物质生产领域。世界范围内的三次现代化浪潮，同时也催生了一波又一波的女性解放运动。西方女性主义思想就是在现代化进程中产生和发展起来的。虽然我国的现代化起步较晚，但在政治上、经济上已经自由独立的女性其自由全面发展仍然是一项重大的历史任务。

中国共产党始终代表最广大人民的根本利益，坚持以人为本的科学发展观。无论过去、现在，还是将来，妇女都是社会主义建设事业不可缺少的重要力量。几十年来，我国妇女获得了历史性的解放，妇女事业取得了令人瞩目的巨大进步。女同胞们正以主人翁的姿态积极投身社会主义政治文明、物质文明与精神文明建设的各条战线，为建设民主、文明、富强、和谐的社会主义现代化国家而努力奋斗。

然而，由于中国传统封建思想残余在部分地区、部分行业和部分人的头脑中腐而不朽；由于改革开放后，资本主义拜金主义、极端功利主义和性解放等思想的侵蚀，给我国的妇女解放带来一系列的难题，两性关系不尽如人意。在社会上依然存在男权主义歧视女性的现象；在家庭生活中，重男轻女还在一定范围内存在；而在婚姻、爱情方面不负责任的现象更是较为常见。而这些现象对于建设社会主义和谐社会，无疑是有害的。

有的西方学者认为马克思是大男子主义者，马克思主义存在严重的性别研究盲点。这是对马克思主义不负责任的污蔑。马克思主义妇女观就是马克思主义关于妇女解放的理论。在马克思主义妇女观的指导下，新中国和苏联等社会主义国家消除了男女不平等的根源——私有制。在社会主义制度下，妇女获得了前所未有的解放与自由。

随着我国改革开放的深入，一方面，现代化程度的提高为妇女彻底解放提供了契机；另一方面，各种文化相互交融激荡，使得西方女性主义思潮奔涌而来，迅速为国人所了解和接受。国内一些学者认为女性主义思想乃是妇女解放的法宝，并对它表现出过度的崇拜。然而，我们在对待西方女性主义思潮的问题上，必须保持自己清醒的头脑。那就是：首先，要认清女性主义的资产阶级个人主义和自由主义的本质；其次，女性主义尽管在妇女解放的历程中曾经作出过巨大贡献，但我们不能因此而对马克思主义妄加菲薄，女性主义并不是万能的法宝；再次，在妇女解放事业中，我们必须以坚持马克思主义妇女观为我们唯一的指导思想，但并不妨碍我们从西方女性主义中吸取一些用得着的真理颗粒。

马克思主义妇女观是历史唯物主义的重要组成部分，与女性主义相比，它具有无可比拟的优越性，那就是：它是最广大劳动妇女争取彻底解放的理论武器。在它的指导下，我们的妇女工作一定能够取得更大的进步。随着现代化程度的不断提高，两性关系一定会迎来一个更为和谐的春天。

本书在对上述现实和理论问题作出简要梳理和阐述后，对当前人们所处的新媒体环境进行了分析，认为信源革命为妇女解放和两性和谐带来了机遇，同时也存在着新的挑战。而新媒体时代两性和谐所面临的挑战主要来自于软暴力在网络虚拟社区的盛行。技术决定论显然会遭到失败，而“技术—经济—文化—政治”的有机结合，以及这种结合所带来的“解放力”，只有在社会主义国家和在马克思主义理论的指引下才能得到激活和释放。

关键词：马克思主义；女性主义；两性和谐；现代化

绪 论

据说下定义是相当困难的，因此苏格拉底从来不敢武断地为某事物做一个界定性的说明。这种谨慎的问学态度不是每个人都能具备的。他对有关“确切知识”探讨的穷根究底的问答法（亦即所谓“助产术”或“辩证法”）被一般地归纳为反讥、归纳、诱导、定义四个环节，在哲学、教育学、心理学等学科领域被广泛地传颂和研究。而“确切知识”的最后掌握，却并非苏格拉底本人的说教，苏格拉底一直以助产者而不是生产者自居，因此他从不盛气凌人地宣旨颁诏，而是让对方自己去体会和掌握。苏格拉底是个智者，所以自知自己无知。然而，这里会有一个极大的问题，那就是我们在怎样的熟知程度上才能宣称一种思想，或者进入一种社会现实的思考领域?

苏格拉底对概念性陈述的困难之透彻领悟，只是告诉人们随意下定义将会使思维陷入狭隘，而并非告诫人们在思维进程中放弃对概念的使用，如果真的放弃概念的正当使用，则思维之网定将分崩离析（黑格尔）。不管是否抱着谦逊的态度来对待社会现实问题、甚或是纯粹理论问题，其思维空间的大小就已然被概念体系所预设。一个专门的问题要称之为一个“问题”，就得有一个鲜明的范畴体系。只有在一个业已明确的范畴当中，探讨的过程才可能进行；否则，尚不知所云何物，如何探讨研究？当然，若是概念体系固化为一种研究的基调，或者成为一种继续探讨该类问题的必然要素，那么，该问题亦会陷入僵化的状态。因此在本书的开篇，第一要做的就是把我的标题所涉及的几个关键词明白无误地告白于此。诚然，此等“明白无误”，也许只是“窃以为”意义上的所指，而非一种俨然熟透的话语优势。

首先，何谓“妇女观”？“妇女观”即是对妇女之最一般的看法、观点。包括妇女的地位（经济生活中的妇女地位、男女关系中的妇女地位、社会心理方面的妇女地位、教育文化生活中的妇女地位、政治生活中妇女的地位，等等），妇女的作用（经济、政治、文化、社会、生态等各个领域中妇女的作用），对妇女在社会中的应有和现有之状况的把握（性别歧视问题的根源、表征、探求妇女解放的出路等），以及如何从作为个性的“人”和作为共性的“人”之视角看待女人。

其次，是马克思主义妇女观的概念。江泽民同志在1990年的“三八”国际妇女节80周年纪念大会上所作的报告中，对马克思主义妇女观是这样定义的：“马克思主义妇女观，是运用辩证唯物主义和历史唯物主义的世界观、方法论，对妇女社会地位的演变、妇女的社会作用、妇女的社会权利和妇女争取解放的途径等基本问题作出的科学分析和概括。”[①]这个论断已经得到了许多研究者的认同，这里不做展开。

再次，是女性主义这个概念。这个概念在国际上并没有一致认同的已有界定。声势浩大的妇女运动中的女士们、先生们，一些人自诩女性主义者，另一些人则对“女性主义者”的称谓唯恐

---

①江泽民．全党全社会都要树立马克思主义妇女观．人民日报，1990-03-08.

避之不及。可见，对这个概念最基本的态度亦是不一致的。前者理所当然以“女性主义者”为荣，后者则不然。女性主义原先是没有这个概念的，过去叫做“Women′ Movement”，直接叫做妇女运动。按照林树明教授的考证，“女性主义”一词最早源于法语 F′ eminisme。起初是用来指称患上肺病并呈现出女性特征的男性少年。大约在1910年进入英语词汇，20世纪后在美国流行。女性主义关心妇女的地位，追求妇女的权利、性别平等，并对“妇女”一词重新定义。妇女作为人的解放和妇女作为女人的解放，都是早期女性主义的主导思想。它的目标是消除一切妨碍妇女作为个人获得完全发展的一切障碍。[①]本书所探讨的“女性主义”特指基于天赋人权思想的指导下，近现代（时间）西方（地点）中产阶级妇女（人物）中间产生的以男女平等、消除性别歧视为核心的思想、理论和社会实践（事件）。女性主义并没有统一的理论架构，往往不同地域和时期的不同的女性主义者有着各自不同的理论范畴和体系。Feminism这个词20世纪初在我国被译成“女权主义”，这不是中国人杜撰的，而是新文化运动中从日本“拿来”的。[②]20世纪70年代以后，很少有人使用“女权主义”，而采用“女性主义”一说。

最后，是“现代化”的概念。现代化是一场解放运动，它源于对生产的解放而不拘于对生产的解放，它在文化和政治上取得的惊人业绩同样（甚至更加）令人振奋。在生产上，现代化是以现代工业革命的爆发为肇始的；在社会关系上，现代化是对传统宗法制度的破除和攻克；而在文化上，现代化运动以开启智慧和

①钟梦姣，秦晓.Feminism·马克思主义·女性解放.鄂州大学学报，2005（4）.张立平.当代美国女性主义思潮述评.美国研究，1999（2）.

②转引袁向东.日本的女性主义研究.广东职业技术师范学院学报，2002（1）.

祛除蒙昧为自己的使命；在政治上，个人的权利逐渐被推崇、至少得到一些肯定。不过，就一个名词性的概念而言，它更多地指向一种结局，尽管“化”字本身拒绝任何静止的状态。作为已然存在的状态，现代化要求从经济、政治到文化的领域统统实现自己的当代化，亦即符合时代的需要。而作为动词的“现代化”，它的革命性就更加突出，在于那种用现代精神来“化”除旧传统的激昂情致。而不管从什么角度来看，现代化，无非就是对人性的确认以及对人性的培育过程。现代化道路上的各种路径，仅仅是对人性的不同认识所造成的结果。无论用理性精神或者用欲望的开启来说明现代化的具体特质，都不妨碍现代化本身具有更为复杂的内容。

一、研究背景及意义

联合国秘书长潘基文在2009年3月8日国际妇女节的致辞中说：“我们需要制定有关经济和社会政策，支持增强妇女力量……我们只有通过共同行动，才能创造更加平等与和平的社会。”[①]胡锦涛同志在党的十七大报告中指出，“人民民主是社会主义的生命……坚持国家一切权力属于人民，从各个层次、各个领域扩大公民有序政治参与，最广泛地动员和组织人民依法管理国家事务和社会事务、管理经济和文化事业。”[②]中国共产党始终代表最广大人民的根本利益，坚持以人为本为核心的科学发展观。妇女，作为社会主义建设事业的半边天，不论过去、现在、还是将来都是社会主义事业中的重要力量。

---

①联合国网站 www.un.org/chinese/sg/2009/women.shtml

②胡锦涛．高举中国特色社会主义伟大旗帜，为夺取全面建设小康社会新胜利而奋斗——在中国共产党第十七次代表大会上的报告．北京：人民出版社，2007.

几十年来，“我国妇女获得了历史性的解放，取得了令人瞩目的巨大进步，她们以主人翁的姿态积极投身社会主义事业，在物质文明和精神文明建设中充分施展聪明才智，为国家富强和民族振兴作出了重大贡献。”[①]在人类社会的发展和社会主义事业发展进程中，妇女一直担负着十分重要而不可或缺的作用，没有妇女的参加，任何事业都是不可能取得成功的，甚至说人类的延续也都维系在妇女的身上。一个轻视、反对妇女工作和妇女解放事业的政党和政府就是反人类的政党和政府。马克思主义的伟大历史任务是解放全人类。妇女问题自然成为马克思主义政党和马克思主义者十分关注的问题。

男女平等已经是我国的一项基本国策；然而，现在依然有许多不符合马克思主义妇女观要求的现象出现，比如对妇女的暴力犯罪、就业和社会活动中对女性的歧视、女性受教育程度整体低于男性（这一条也许已经发生改变，但妇女在受到高等教育以后仍然在就业市场上遭遇歧视的现象就更加令人震惊于男性中心主义或阳具意志论的肆行）、政治生活以及家庭生活等方面均有一些不合时宜的大男子主义存在，妇女受迫害和被侮辱的现象屡见于各种新闻媒体。同时，随着改革开放的深入发展，各种思想文化相互交融激荡。西方中产阶级女性主义思潮风行全球。激进女性主义、自由女性主义、生态女性主义、黑人女性主义、后现代女性主义等关于争取男女平等和女性解放的理论和思潮令人莫衷一是、不知所措。而个别理论工作者和文学艺术工作者以西方女性主义为口实诋毁马克思主义及其妇女观，把西方女性主义视为妇女解放的必由之路。使得理论界和现实活动中鱼龙混杂，有些

①胡锦涛．沿着党指引的妇女运动的正确道路前进．新华网 news.xinhua .com/ziliao/2003-08/29/.

人别有用心、居心叵测。那些明显违反人伦道德的行为贴上女性主义的标签被一些心怀恶意的人到处兜售。把失去羞耻、丢掉尊严当成获得尊严与人格的手段，从而引起更多的人对现代女权主义的反感。这种有意抹黑女性解放运动的险恶手段居然被很多时尚的人所接受。女性主义在历史上的非常革命性被过度使用的夸张手段所糟蹋，以至于一些关怀女性解放事业的人甚至自觉抵制“女性主义”这样的称谓。

谁也不需要什么“主义”！如果实在世界已经恰如其分地给予人们应有的尊严和体面的生活。正如马克思主义的诞生是因为劳苦大众希望获得自己的解放一样，女性主义的诞生也仅仅为了妇女自身的人格完整和生活饱满。女性主义的声音不管多么离奇和怪诞，它的脆弱或声嘶力竭的呐喊足够让善良的人们不断反省自身生长于其中的社会体制的完备程度，以及我们每一个人是否在其间助纣为虐。我们不需要在两种不同的思想间作出非此即彼的选择，只需要认识到马克思主义妇女观和现代女性主义之间的共同愿景就足以令人欣慰，那就是一个和谐的两性关系格局。而后者在这个愿景上的贡献可能被一些纷嚷的“女性主义”掮客所破坏。

在这样的时代背景下，对马克思主义妇女观与女性主义进行比较研究，对构建社会主义和谐社会具有十分重要的意义。两性和谐是社会和谐的基础。马克思说过，人的本质在其现实性上说，是一切社会关系的总和。这种现实的社会关系理所当然地包括男女两性的关系。在一般伦理学的著作中，都会引用恩格斯关于“透过两性关系可以看出人的整个文明程度”的话语，以此说明这兼具社会属性和自然属性的人之所以为人在道德上的高明之处。胡锦涛同志强调建设社会主义和谐社会，两性和谐当属题中应有之意。在如何对待西方文化的立场上，我们已经不再一味地排斥，而是有鉴别、有选择的汲取利用。在正确认识马克思主义妇女观的基础上，尽可能全面地认识近现代女性主义的实质及其贡献，对我们厘清思路、端正立场态度，在妇女解放的道路上走出社会主义的中国特色具有重要的现实意义。妇女解放的出路何在？男女真正平的基础是什么？在合理借鉴西方女性主义关于妇女解放的某些具体措施的同时，如何坚持和发展马克思主义妇女观？这些问题弄清了，对中国特色社会主义现代化建设有着极大的促进作用。现代化的历程产生了新的妇女问题，而新问题的解决又促进现代化进程的加快。依此类推，乃是一个历史发展的否定之否定规律。

二、女性主义和马克思主义妇女观研究综述

（一）马克思主义妇女观研究现状

全国妇联在 1987 年编写了《马克思、恩格斯、列宁、斯大林论妇女》一书，该书把马克思、恩格斯、列宁、斯大林有关妇女问题的论述集中编纂在一起，按文献篇章依次选辑，内容丰富，成为我们研究马克思主义妇女观的必备文献。当然，之前于 1983 年中国社会科学院哲学所历史唯物主义研究室和中国历史唯物主义研究会共同编辑的《马克思、恩格斯、列宁、斯大林论人性、异化、人道主义》一书也涉及了很多关于人的解放的问题，但终究不是专门的妇女问题研究文献。1991 年由李静之、张心绪、丁娟写成的《马克思主义妇女观》是一本比较全面介绍马克思主义妇女理论的专著。但由于年代较早，有关马克思主义妇女观的许多新提法、新总结并没有完全概括进去。1992 年黎国智主编了《马克思主义人权理论概要》，对妇女研究亦具有重要的参考价值。自 1983 年始，马克思主义妇女观受到了较多的关注。但使马克思主义妇女观研究成为热潮的，还应当回到 1995 年联合国第四

届妇女大会在北京的召开。被称为妇女的“圣经”的《妇女与社会主义》被葛斯、朱霞翻译成中文出版。全国理论界对马克思主义妇女观在中国的发展产生了极大的兴趣。除了西方有些学者拒绝承认马克思主义有妇女理论以外——比如美国人罗兰·斯特龙伯根在其所著《西方现代思想史》中就认为马克思乃是一个大男子汉主义者，苏联也并非女士们的乐园——国内学者基本上都对马克思主义的妇女理论并无疑义。因此也就决定了国内学者的研究姿态和理论造化。

在对马克思主义妇女观进行研究的时候，理论界的主要关注点在于这么几个方面。在一段较长的时间内，学者们普遍坚持的一个信念就是：马克思主义是放之四海而皆准的真理（在基本原理和方法论的原则意义上，本书作者也认为它当然是毫无疑问的正确），因此，马克思、恩格斯、列宁等无产阶级导师的经典语录依然是、永远是我们一切工作的指南。这样的结果是马克思主义妇女观陷入了教条主义的泥潭，而缺乏自我批判。更为糟糕的是，在很长一段时期，马克思主义妇女观被仅仅理解为马克思的妇女观、恩格斯的妇女观、列宁的妇女观等等。马克思主义的理论体系遭到了破坏，那些只言片语和随意截取的论断被到处滥用。作为真理的马克思主义是随着时代、地点、环境等条件的变化不断取得新的生命力的马克思主义。马克思主义妇女观也是如此。

幸甚的是，近年来的研究成果越来越显示，把马克思、恩格斯、列宁、斯大林妇女观与中国实际相结合的中国特色社会主义妇女观的研究亦逐渐开展。比如《试析第三代中央领导集体对马克思主义妇女观的发展》（谢凤华等）、《试析中国共产党成立前后的妇女观》（余春荣）、《批判与扬弃：马克思主义妇女观在中国的确立》（陈文联）、《马克思主义妇女观在华传播研究》（刘宁元）、《马克思主义妇女观在中国的历史命运与现代途径》

（陈文联）、《论马克思主义妇女观的现代化》（谢凤华等）、《坚持和发展马克思主义妇女观》（康沛竹）等等。特别是，一些社会学家或者其他研究领域的人也开始经常性地使用马克思主义妇女观来分析探讨现代化过程中的有关现实问题，比如《坚持马克思主义妇女观，正视女大学生就业中的性别歧视》（钱立洁）、《妇女解放和女性领导人才的崛起——学习马克思主义妇女观》（汪长根）、《谈社会主义市场经济中的女性解放问题》（范垂娴）等。而从马克思主义妇女观视角对西方女性主义的审视的文章则很少，《以唯物史视角看马克思主义女性主义的妇女解放》（李仙红）、《马克思主义对女性主义的理论影响》（祝小丁）、《马克思主义女性主义的伦理批判：唯物史观的视角》（罗蔚等）、《让女性主义回到唯物主义》（段素革译）只是个别；大部分走了相反的道路，比如《女性主义：对马克思主义妇女观的一个解读模式》（王宏维）、《马克思主义女性主义对马克思主义的继承发展》（董美珍）等，这里从略。

问题和症结在哪里呢？那就是：在中西文化交融激荡的过程中，如何把捍卫马克思主义妇女观和发展马克思主义妇女观相结合。这是一个有着重要理论意义和实践意义的课题。对我国社会主义妇女事业的发展具有指导价值的是有着中国气派和中国灵魂的妇女观，而这种妇女观与马克思主义的解放理论是一脉相承的。构建马克思主义中国化的妇女理论是当前面向实际工作和面向理论冲突所亟待解决的重大问题。

（二）女性主义妇女观研究的现状

目前对女性主义的研究似乎是比较火爆的。2014 年 11 月 26 日 20 点整，就“女性主义”一词在中国知网进行搜索就发现了 11727 篇相关文献，就“女性”一词进行搜索获得 309410 篇相关文献，而就“妇女”一词进行搜索得到 138030 篇文献，就“女权主义”一词进行搜索得到3581篇文献。以“女性主义或含女权主义”为主题进行搜索发现了14462篇文献。女性主义（或女权主义）成为一个重要的研究视点，这些林林总总的研究文献主要包括以下这几种基本的思路：一是介绍女性主义各个阶段各个流派的书籍、文章。二是中国女性主义生存条件与发展规划，亦即所谓的女性主义本土化问题。三是女性主义与传统学科的结合，比如女性主义伦理学、女性主义人类学、女性主义社会学、女性主义政治学、女性主义教育学，等等。四是女性主义文学艺术批评，这是最多、最火爆的女性主义市场。五是女性主义的工具化运用，比如，女性主义的建筑装饰、女性主义工业设计、女性主义的广告、女性主义翻译理论，等等，一般也与艺术挂了点边。也有与艺术没有关系而接近社会学研究的，那就是对打胎、流产、同性恋、克隆等的女性主义研究。六是对女性主义流派之间或者女性主义与其他思潮之间相互扯皮的“会议记录”了。另外就是对女性主义的理论范畴进行考察、研究的。如此等等，不一而足。因为文献资料实在多如牛毛，故不可能对这些杂多的文献进行一再的细分，从而以期获得某种条理化、层级化的比照。

介绍女性主义思潮的书籍要考究其源头是很困难的。一般认为，中国之女性主义的思潮来源于日本，也许就是早期维新志士东渡扶桑所取“西学”之一。当今的学术界，以李小江女士、李银河女士、荒林女士等为代表，有一大批介绍女性主义思想的专家学者。但其中对女性学的单独构建的努力使得女性主义思潮的传播并没有真正形成气候。而女性学则在生物学、人类学、社会学、哲学等之外开列了一个交叉的研究领域，这个研究领域似乎就“战斗性”来说已经远远没有女性主义强烈。如果要说女性学与女性主义之间的亲缘关系，只能说它还带有女性主义的某些色彩。翻译出版的女性主义经典几乎包括所有公认的权威著作，包括玛丽·沃斯通克拉夫特的《女权辩护》（王蓁译）、穆勒的《妇女的屈从地位》（汪溪译）、波伏娃的《第二性》（李强译）、《女人是什么》（王友琴等译）、苏珊·格里芬的《自然女性》（张敏生、范代忠译）、麦克布鲁姆的《第三性》（赵达雄、沈一龙译）等等。李银河编的《妇女：最漫长的革命》、从台湾引进的芭芭拉·席特曼的《女性奇谈》（陈仓多译），等等。不过，这些翻译介绍大都是上世纪90年代，特别是世界妇女大会在北京召开前后的事情，当时已经不再把女性主义当作另类看待了，人们对西方女性主义思潮抱有更多的宽容和理解，此其一。其二，关于女性主义本土化的问题，既有正面的肯定和积极地探索，也有人感到彷徨和怀疑。前者比如《试析当代社会境遇中的女性主义》（谢国光）、《女性主义在中国》（蒋岳红），后者如《我们需要一个新的女性主义吗？》（R·科沃德）、《中国女性主义的困境》（赵稀方）。其三，女性主义相关的交叉学科是有很多的，最主要的还在从伦理学上的探讨，比如肖巍的专著《女性主义关怀伦理学》，论文《性别公正——女性主义研究的现代理念》（杨丹）等，其他有译著《政治学与女性主义》（郭夏娟译）、《妇女、民族语女性主义》（陈顺馨、戴锦华选编），论文《西方女性主义神学面面观》（马红英）、《当代女性主义人类学》（彭耘编译）等。其四，文学艺术批评方面的研究成果就干脆不举例了，实在太多，因为大多是一种所谓的“在具体学科与具体问题上的应用”，也显示不出多少理论和实践的价值。在一些人看来，女性主义成了一个万能的批判手段，不但对当今的木子美、芙蓉姐姐、超女等进行女性主义的分析揣测，而且基本上每一本文学著作都可以利用女性主义理论（有时候甚至只是贴上女性主义的标签）进行批评审查。上自先秦、希腊，下至现代，古今中外的文学艺术，都是女性主义迷可以舔弄的美味。五是更为实用主义的工具化倾向。《从女性主义看女性形象广告》（宁静、郭丹丹）、《现代时装设计大师作品中的“新女性主义”》（张春明、沈雷）、《女性主义关怀伦理学视域下对人工流产的辩护》（陆树程、张艳）等。其六，《女性主义与后现代主义相遇》（荣维毅）、《自陷囹圄的女权主义》（魏天真）、《西方女性主义思潮的产生及其流派》（尹旦萍）、《女性主义的发展浪潮及其流派》（荣维毅）、《存在主义女性主义和生态女性主义的对话：超越与认同》（罗诗钿、贺平海），这些文章，就好比桃花岛上左手和右手相互搏击的老顽童，好玩，但不一定有意味。不过作为一种文化思潮的普及，这种工作也许是有意义的。最后，对女性主义的范畴和理论进行细枝末叶研究的人，她/他们至少彻头彻尾算是女性主义的研究者，尽管不一定是女性主义者。比如《解构性别本质主义：女性主义对先进性别文化的贡献》（韩廉）、《后现代女权主义的生存模式》（李梅）、《双性同体：性别二元对立的消减》（杨玉珍）、《社会性别——西方女性主义理论的中心概念》（刘霓）等。

问题和症结在哪里呢？我们在十分肯定女性主义的动机和作用的时候，对女性主义研究中存在的一些问题也要有较为全面的认识。其实，现在国人研究女性主义的最大弊病就是在研究之前就已经把西方女性主义当作了真理。因此，这种先入的观念往往蒙蔽我们的视听，女性主义也就成了万能的方法论。预设一种理论的正当性和合理性是陷入教条主义的重要方法论误失。同时，对正统的（或者是在意识形态上占统治地位的）思想观念的背离和否定并不必然地促使一种理论成为真理，尽管这些背离和否定正是所有“正统”被改造的外在力量。

三、本书的主要内容、写作方法、创新点

基于上面的考虑，本书并不打算对女性主义中的糟粕进行清

理，这项工作的巨大在理论思维上也许是可以得逞的，而在实践中却只能遵循事物自身的生灭规律。更何况，因为理论上和政治上的主张不同而对异己力量采取极端的敌视态度，那是帝国主义和法西斯干的事情。我们对女性主义不应当怀有恶意。特别是，女性主义在妇女解放的历程中，曾经起到过非常革命的作用；而促进人类解放同样是马克思主义的使命之所在。本书的目的是要通过对马克思主义妇女观和西方女性主义妇女观的比较研究，从而让我们清楚最终实现妇女解放必须依靠马克思主义妇女观的科学指导；然而，就现阶段来说，作为发展着的马克思主义妇女观，有必要吸收、借鉴西方女性主义思想中的真理颗粒。我国正在着力建设社会主义和谐社会。

家庭是社会的细胞，男女两性是社会之自然组成。努力构建一种和谐的两性关系，在现代化进程中，善莫大焉。这种思路使得本书的构思具有这样的必然性：

（一）两性关系的历史如何？这种历史是如何在近现代发生变化的？即男权社会的形成和演变，期间包括妇女反抗和解放的阶段性斗争。这就是第一章所要解决的问题。历史与逻辑的统一性就在于这种对历史根源的追讨中。

（二）基于第一个问题，女性解放在一切阶级社会并未有达到人们想要的结果，这就必然有这样的推论：只有消灭阶级的理论才是消除男女不平等的真理。而这样的理论就是马克思主义。所以，在第二章，马克思主义妇女观成为本书的主要讨论对象。而中国是目前最典型的社会主义国家（尽管处于初级阶段），但中国却正在实践和发展着马克思主义妇女观。对发展着的马克思主义妇女观做详尽的描述可能造成一个错觉，那就是这种妇女理论已经达到了十分完备的程度。当然不是的！只有在研究的过程中才采取了这种取景式的截面方法，这是形而上学的，然而在科学研究的一定阶段却难以避免。因为没有常驻不变的真理，在恒变恒新的理论发展中，“截至目前”是唯一可以获得的经验，而剩下的遐想和猜测则有待于历史的进一步检验。

（三）改革开放的中国，思想极大自由，西方女性主义思想得以在中国大地遍地开花。但鲜花和毒草往往混杂在一起。所以第三章，自然而然的是对西方女性主义实践和理论的介绍。这种介绍可能包含有个人理解上的偏差和失误，这既与女性主义流派的多样化和复杂性密切相关，也与作者个人的学术素养有着极大的联系。而在介绍女性主义各流派的时候，不可避免地会用到其他学者已经获得的重要研究成果，而在“概述”层面上对提出各种见解的原作者做精准的索引和注释显然是力不从心的。

（四）在做完这种介绍之后，我们已经对马克思主义妇女观和西方女性主义都有了一定的了解，在这个基础上进行二者的比较研究，似乎已经不是“研究”，而仅仅是一种一般的归纳了。不过，我仍然对之冠以“研究”之名，试图提出自己的看法和见解。

（五）而所有看法和见解的目的都是要为中国特色社会主义事业服务的，至少是应当为社会主义事业服务的。所以，第五章的主要内容就是具体谈谈我们如何在马克思主义妇女观的指导下，合理利用西方女性主义的真理颗粒，为现代化进程中的社会主义构建两性之和谐。

（六）新媒体已经成为这个时代的标记。新媒体时代的妇女问题面临着什么样的困难与机遇，这是本书试图探讨的重大现实问题。而对这个问题的探讨是建立在马克思主义妇女观的基础之上的。思考当下的人类生存问题，思考技术变迁与人类生存环境变化之间的内在联系，将有利于人们更好地理解社会生活并在社会实践中少走弯路。

为此，本书采取了阶级的和历史的分析方法、归纳的和推理的方法、对比研究的方法。既有从抽象到具体的尝试，比如对第五章的构思；又有从具体到抽象的归纳，比如第一章之归纳。历史唯物主义和辩证唯物主义是本书写作的根本方法。

基于上述思路，我想通过本书的研究，达到如下的效果：

（一）赋予马克思主义妇女观以本来之与时俱进的理论品质。作为体系，而不是作为零星的个人思想来研究、宣传马克思主义妇女观；作为发展的、而不是作为僵硬的教条主义来研究、宣传马克思主义妇女观。

（二）辩证地对待外来文化，取其精华，弃其糟粕。在吸收、利用西方女性主义思想为妇女解放事业服务的时候，既要看到女性主义的历史贡献，也要看到女性主义资产阶级个人主义的局限；既要坚持学术自由，又要努力构建社会主义核心价值观；肯定女性主义的成就与功绩，不能作为诋毁马克思主义妇女观的理由。

（三）正如马克思所说的："哲学家们只是用不同的方式解释世界，而问题在于改变世界。"①本书的出发点和落脚点，乃是现代化进程中的中国之两性和谐。这种两性和谐，不是一方压倒另一方，而是男女真正意义上的平等，在性别上彻底抛弃"主义"，既不需要一个男性的"主义"，也不需要一个女性的"主义"，我们需要的只是倡导和促进全人类共同进步和发展的"马克思主义"。马克思主义的彻底胜利，就是人作为人而获得健全人格与独立尊严的社会，"每个人的自由发展是一切人自由发展的前提"。

①马克思恩格斯文集（1）. 北京：人民出版社，2009：502.

第一章　妇女问题及其演变

妇女问题不是从来就有的，而是随着私有制的产生和发展而出现和严重化的。它有其自身演变的规律：私有观念和私有制的出现导致母系氏族解体，妇女地位逐渐低落，人类开始进入男权时代，妇女问题才真正成为“问题”。进入阶级社会，前资本主义时期，妇女成为男权私有物，可以任意处置；资本主义的建立，并没有使妇女彻底翻身。然而，资本主义启蒙思想的广泛传播和妇女参加资本主义社会生产活动的增多，妇女被逼走出家庭，在客观上却唤醒了沉睡的女性意识。妇女解放运动兴起，各种妇女解放思想纷纷诞生。

私有财产和私有制度的出现，妇女逐渐成为私有财产的压迫对象和男人的附属物，男权社会形成。几千年的男权社会，中西方的男权思想竟是如此相似。伴随着性别压迫的，必将是被压迫阶层的反抗。

第一节　妇女问题的形成

一、男权社会的形成

我们似乎普遍接受，在历史上，世界是属于男人的，也是属于女人的（如母系氏族社会），归根结底是属于男人的。那么用另一种话语来描述就是，世界历史就是一部两性斗争的历史，从总体上看，是男性压迫、剥削、奴役女性的历史！正如潘绥铭所说："女性是人类社会中第一种奴隶。作为整体，她们是男性整体的奴隶；作为个人，她们一直是男性英雄们掠夺和压迫的对象。"[①]然而，历史的真相却并不能由于我们的无知而改变。在原始社会的早期，男女其实是平等的。原始游群阶段，两性关系处于一种没有辈分等限制的杂交状态，正如恩格斯在《家庭、私有制和国家的起源》中所言："正在努力脱离动物状态的原始人类，或者根本没有家庭，或者至多只有动物中所没有的那种家庭。"[②]既然家庭尚不存在，就更遑论说"夫"、"妻"，也就不存在父权和夫权，男尊女卑在当时是不可能存在的。[③]就是到了母系氏族社会阶段，男女之间依然是平等的，妇女受到尊敬和爱戴；那是一个女性权威时代，男子也并没有如我们想当然的认为受到迫害和压制。女性因为生殖和体格上的健壮、在物质资料生产和人类的繁衍这两个生产领域都有举足轻重的作用，几乎受到高于男性的尊敬。因此，"那种认为妇女在最初的社会里曾经是男子的奴

①潘绥铭．神秘的圣火．郑州：河南人民出版社，1988：204.

②马克思恩格斯文集（4）．北京：人民出版社，2009：45.

③李静之，张心绪，丁娟．马克思主义妇女观．北京：中国人民出版社，1992：4.

隶的意见，是18世纪启蒙时代所留传下来的最荒谬的观念之一。"[①] 这就不得不引发我们的思考，到底什么是女性受压迫、受歧视、受贬抑的根源？马克思主义认为，是私有制。

事实上，财产私有制度建立之前，随着父系氏族社会的到来，女性的地位就一落千丈，"母权制的被推翻，乃是女性的具有世界历史意义的失败。丈夫在家中也掌握了权柄，而妻子则被贬低，被奴役，变成丈夫淫欲的奴隶，变成生孩子的简单工具。"[②]那么，是什么原因导致了女性"具有世界历史意义的失败"呢？主要还是经济原因，即由男女在物质资料生产中的不同地位决定的。而男女在物质资料生产中的不同地位及变化则是由当时男女在社会生产中的分工引起的。具体地说是由男子在分工中驯养和繁殖牲畜，而畜群日益成为主要财富引起的。换句话说，是由于新工具，如弓箭、长矛等的发明和发展，使得狩猎成为一种获取生活资料的主要方式，而"男女分别是自己所制造的和所使用的工具的所有者：男子是武器、渔猎用具的所有者，妇女是家庭用具的所有者"[③]。特别是驯养动物更加强了男子在生产中的地位。而正是这种基于自然属性的分工的发展，社会分工随之出现，并且使财富进一步私有化。私有制的最终出现，加强了这种两性之间的不平等。马克思主义者都知道，分工和私有制在最初的社会形态中无非表达的是同一个意思，都是生产力发展的结果。当然，分工似乎是一种更为动态的产物，而私有制不能不说是分工发展到一定阶段的成果。在学术界，我们区分是不是马克思主义的妇女观，就是看是否承认私有制度是女性受歧视、受压迫、受奴役的根源，

---

①马克思恩格斯文集（4）. 北京：人民出版社，2009：60.

②同上，第68页。

③马克思恩格斯全集（21）. 北京：人民出版社，1965：180.

并以推翻这种制度为己任。

私有制和私有观念的形成与发展，巩固和强化了男权对女性的绝对占有和统治。在财产私有的社会，妇女是男性的私人所有物。所以，彼时的人们不会过多的过问男女平等与否。因为男人对女性的态度、处置等，这都只是对自己所有物的不同的使用方式而已。在不同地域的不同社会形态中形成和演绎着形形色色的男权思想。

二、中外历史上的男权主义思想

《易经》不能不说是中华文化早期思想之精华，就在这本书中，男权至上的思想就已经基本形成了，《系辞》有云："乾道成男，坤道成女，乾知大始，坤作成物。乾以易知，坤以简能，易则易知，简则易从"。[①]意思是说，乾道象征男性，坤道象征女性，乾的作用是始创万物，坤的作用是化成万物。乾道的运行平易无私而容易知晓，坤道的运行简约从一而能够顺从。这里，我们不得不把它与西方的男权思想做一个类比。《旧约全书·创世纪》中写到，"上帝说：男人很孤独，这不好；我要给他造一个与他相配的帮手……于是，上帝让亚当熟睡下去，从他身上抽出一根肋骨……造成了一个女人，并把她领导了男人面前。亚当说：这（女人）是我骨中之骨，是我肉中之肉"。[②]因此，"女人，女人之德就是沉默寡言。"[③]

①徐奇堂译注．易经．广州：广州出版社，2004：200.

②（美）莫特玛·阿德勒、查尔斯·范多伦（Mortimer J Adler,Charles Van Doren）编．西方思想宝库（Great Treasury of Western Thiught).周汉林，等译．北京：中国广播电视出版社，1991：92.

③索福克勒斯．阿扎克斯，转引自《西方思想宝库》，第94页。

几乎任何一个稍稍懂点中国文化史的人在说到男权思想的时候，都不会忘记孔老夫子。在《论语·阳货篇第十七》中，“子曰：惟女子与小人难养也，近之则不孙，远之则怨。”[①]《礼记》是儒家经典之一，其中大部分篇章为孔子弟子或再传弟子、三传弟子所作。《礼记》在中国历史长河的很长一段中起着维持社会秩序的作用，认识古代中国的男权主义思想，也可从《礼》入手，此中所讲之男女关系，大略可以窥得古代中国男权主义之一斑。《礼》曰：“礼，始于谨夫妇。为宫室，辨外内，男子居外，女子居内，深宫固门，阍寺守之，男不入，女不出。男女不同椸枷，不敢县于楎、揓，不敢藏于夫之箧笥，不敢共湢浴。”[②]意即说礼是以谨守夫妇之礼为始端的，建造宫室，分别内外，男子居住宅子外面，女子居住在宅内。宫室深墙厚门，阍寺看守宫门，男子严禁进入，女子严禁外出。男女衣服不悬挂在同一衣架上，妻子的衣服不挂在丈夫的衣架上，也不敢藏放在丈夫的衣箱里，也不敢和丈夫共用浴室。非但如此，就是女子偶尔外出，也要遮住自己的面容，走在道路上，则是“男子由右，女子由左”。[③]哪怕是姐妹、姑妈等亲人，只要出嫁了，就“弗与同席而坐，弗与同器而食。”[④]在名分上，更是等级森严，“天子之妃曰后，诸侯曰夫人，大夫曰孺人，士曰妇人，庶人曰妻子”。但不管是何种等级称呼的女人，在《礼》看来，只是从事纺麻织布、生儿育女、以资男人享用的工具罢了。[⑤]而古代西方，我只想引用欧里庇德斯《希波吕托斯》中的一段就足矣：

---

①孔丘，孟轲等．四书五经．北京：北京出版社，2006：63.

②邓柳胜，叶国译注．曲礼·礼运．广州：广州出版社，2004：223.

③同上，第 205 页。

④同上，第 16 页。

⑤同上，第 231-233 页。

希波吕托斯：女人，男人发现女人是假钱币！
为什么，为什么主神要把她们安排在大地？
既然您把男性人类创造在前，
干吗却要把女人创造为人类之源泉？
……
若无女人这种污物，我们本可生活得自由、满意，
但如今，为了给我们家里请来女人这种瘟疫，
我们耗尽家产
单由此就可见，女人这个祸害多么明显。
生她的父亲，把她养大，
还得花一笔钱，为她筹办陪嫁，
把什么美好的衣物都往这个小贱人身上添，
把她视为自己心上的珠宝，加以讨好、打扮。
小贱人穿上漂亮衣服，打扮得花枝招展，
挥霍、浪费，花光家里的财产。
哪个丈夫有个妻子，头脑简单，是窝囊废，
整天坐在炉边，饱食终日，干什么也不会，
哪个丈夫就算万幸，生活过的安静。
我觉得，聪明伶俐的女人最可憎；
若我娶个妻子比一般女人伶俐，
神啊，千万别让我落到这种田地。
在聪明人的心里，情欲生邪祟；
迟钝的心灵却能把情欲驱退。
……①

①《西方思想宝库》，第95页。

由此看来，中西方父权主义的思想竟是如此“神似”！对女性歧视、贬抑、奴役，都认为女人的德行就是无知和愚昧。

从秦汉，经唐宋，至元明清，整个漫长的中国封建社会把古老的男权思想系统化了，也进一步加强了；西欧中世纪的禁欲主义甚至连最基本的人性都给抹杀了，女性遭到教父们前所未有的无端谩骂和指责，被视为人类的罪人与人类救赎道路上的障碍。这里也只简要择取几例以资佐证。西汉初年，贾谊提出“妻柔则正，姑慈则从，妇听则婉”的妇女观[①]，董仲舒则通过阴阳之说贬抑女性，以巩固男性权威，这倒并不新奇，只是《易经·系辞》中“乾道成男，坤道成女”之翻版，就不做赘述了。而东汉的班固，在其《白虎通》中，对妇女之“三钢六纪”（“三纲”：君为臣纲，父为子纲，夫为妻纲；“六纪”：诸父、兄弟、族人、诸舅、师长、朋友之遵循）作了细致的规定，阐述了夫妻关系中妇女的绝对服从地位，“夫妇者，何谓也？夫者，扶也，以道扶接也。妇者，服也，以礼屈服也。”[②]及至朱子（朱熹），“三纲五常”、“三从四德”（“五常”即仁、义、礼、智、信，是用以调整、规范君臣、父子、兄弟、夫妇、朋友等人伦关系的行为准则。“三从”，最早出自《仪礼·丧服》，是指妇女未嫁从父，既嫁从夫，夫死从子。“四德”，最早出自《周礼·天官》，是指：妇德、妇容、妇言、妇工）的封建伦理已臻完善，要求妻子必须绝对服从于自己的丈夫。而《女四书》（汉班昭《女诫》、唐女学士宁若莘《女论语》、明成祖徐皇后《内训》、明末刘氏《女范捷录》）则集中国封建两性伦理之大全，其中心思想是要求妇女遵守三从四德，不能越雷池半步。

---

①刘淑丽．汉代儒家正统妇女观的演变．社会科学辑刊，2003（6）．

②同上。

中世纪的西欧，基督教禁欲主义盛行，对女性的压制更为突出，女子不但没有社会地位，就是简单的生理欲求也被剥夺，正常的男女性爱亦只有当它在为基督生育教徒的时候才被使用。教会在宗教的外衣下往往扮演一种温和慈祥的角色，《新约全书·彼得前书》不无“人道”地说，“你们当丈夫的，应按情理同自己的妻子居住在一起，要好像小心对待脆弱的瓷器那样对待自己的妻子”。表面上看来是要善待自己的妻子，而实质则是充斥极端的男权色彩，把女人当作“瓷器”，也就是工具，抑或玩物。因此，《新约》宣称，“古代信仰上帝的圣洁的女人就是这样装饰自己的，即对自己的丈夫惟命是从。”[①]奥古斯丁宣称，“女人从一开始就是邪恶的，她是死亡之门，是毒蛇的信徒，是魔鬼的帮凶，是陷阱，是信徒们的灾星。”[②]凡此种种极端男权专制思想，举不胜举。

就是到了近代，男权思想亦在社会上大为流行，西方是这样，中国也是这样。腐朽思想在整个社会来说，或许只是残余，而在少数极端分子那里却变本加厉了。西方近代的蒙田、尼采等；中国近代、特别是西学兴起之后，极端男权分子倒也鲜见，但很多当时的社会名流、时代之领头人物，也是拖着一条长长的男权主义的尾巴。

拉伯雷在《巨人传》里借隆底比里斯之口说：“女人的本性，展示在我们眼前，在各个方面都像月亮，她们在她们各自的丈夫面前畏畏缩缩，躲躲闪闪，委曲求全，奸诈狡猾，伪装正经，耍两面派；丈夫一旦不在跟前，她们就肆无忌惮，欢天喜地，游手

---

①《西方思想宝库》，第 98 页。

②转引刘文明．论早期基督教禁欲主义的兴起及其反女性倾向．株洲师专学报，1999（3）．

好闲，打闹嬉戏，东游西逛，撕开伪装的假面，公然露出内在本质——简直就像月亮，一旦靠近太阳，就在天上看不见，地上也看不见，但一旦处于离太阳最远的位置，就最充分地显出最大限度的光辉。这就是女人之所以是女人了……当我提到女人，我说的是一种非常软弱、变化多端、朝三暮四、水性杨花、反复无常而又残缺不全的性别。我认为大自然在创造、塑造女人时一反常态，远远背离了原来创造、塑造万物时的明辨是非的突出的优良作风。”[①]蒙田则强调，“对女人来说，最实用、最光荣的科学就是家务管理科学”，[②]以此确立女子的从属地位。黑格尔说，男子与女子之间的区别，就相当于动物与植物之间的区别。[③]尼采的思想当属近现代思想家中对妇女极端歧视的典型了。女人在尼采看来永远都只是淫乐和生育的工具，几乎全部的贬义词都是为女人特设的。在妇女解放运动兴起的时候，尼采不遗余力地起来反抗这股进步的力量，并且幼稚地告诫女人，“把‘女性’和‘进步’写在大小旗帜上，这不是有良好教养的聪明女人干的事情”，我们永远不会忘记批判尼采的话——“你要走向妇人们去么？别忘了你的鞭子！”[④]

近代中国大大门打开后，西学东渐，先进的中国人开始改变了积习已久的毛病，正努力吸取西方的优秀理论。只是，在一个封建制度长期发展的国度，要完成思想上的彻底变革，又是何其大的难事。因此，就算是著名教育家蔡元培先生这样开明的人士，尽管他曾提倡废除女子缠足的恶习并主张兴办女学，说“女子不

---

①《西方思想宝库》，第 100-101 页。

②同上，第 102 页。

③同上，第 109 页。

④何华征．从马克思主义妇女观视域看尼采的两性伦理．辽宁医学院学报：社科版，2009（3）．

学，则无以自立，而一切倚男子以生存，至乃不惜矫揉涂泽，以求容于男子”。[①]然而，女子为何要学？在蔡先生看来，无非是减轻社会上男子的负担，因此他说：“妇女不学，其以掣男子之肘，败男子之业者多矣”。[②]因此，蔡元培先生在革除旧的男权思想方面是不彻底的，一方面主张女子当接受教育，提倡“男女自择，不得由父母以家产丰俭、门第高低悬定”[③]的自由婚姻；另一方面，当男女直面的时候，依然放不下男权社会下的性别优越感，并援引“地球上之国主，亦男多而女少”[④]为男主女辅的现存社会制度辩护。

男权思想，不论以何种形式面诸世界，总还是离不开这些基本的立场和观点，那就是：男尊女卑；妇女是男人之所有物；妇女的世界就是家庭；妇女天生能力低下（包括智力和体力）；妇女是工具（淫乐和传宗接代），等等。就算是极端的男权主义者蒙田也不得不承认，妇女所依循的生活规则全然是男人单方面制定的，女人并没有参与制定自己生活所要遵循的规则，因此“女人如果拒绝世界上建立起来的生活规则，也完全没有什么错误”，并不无忧患地说，“男人同女人之间最紧密的联系仍然是动乱不安，危机四伏的。”[⑤]看来，山雨欲来风满楼，蒙田已经感觉到了历史的发展正在颠覆或者意欲颠覆这个男权专断的世界，朝着妇女独立、两性和谐的方向发展了。哪里有压迫，哪里就有反抗。妇女长期受压抑、受奴役的历史，同时也是妇女抗争的历史。为

---

①转引罗国杰主编．人道主义思想论库．北京：华夏出版社，1993：1182.

②同上。

③同上。

④同上。

⑤《西方思想宝库》，第102页。

了妇女的解放，很多女人，同时也包括许多开明男人，为之付出了艰辛的努力。

三、妇女解放道路的开辟

很明显，在男权社会所著的历史学著作中，妇女问题是一个被遗忘的角落，女性在历史上是毫不起眼的，除了少数一些所谓的“好事者”著有为数不多的“别史”、“野史”、“艳史”，以供男人意淫外，似乎对女性的研究就仅限于在猎奇方面的“意义”。然而，一切漠视都不能掩盖历史上一些杰出女性的突出事迹。古罗马王政时代（公元前8—公元前6世纪），一位普通的罗马主妇——鲁克列提亚——因为自己的勤恳、刚烈而使自己的丈夫柯拉提鲁斯成为罗马共和国的第一代执政官。据说，鲁克列提亚出名后，引起了王政时代最后一位王——塔克文的垂涎。塔克文的绰号是“高傲者”，是一个独断专横的暴君。他仗着自己是一国之君而强占了鲁克列提亚。性格刚烈的鲁克列提亚悲愤地自杀了。这在那个时代不能不说是需要极大勇气的，这是古罗马妇女不畏强权的楷模。对君主专制权威挑战的同时，也是对男性专制的反抗。另外，古希腊的阿尔铁米希亚、亚历山大大帝的母亲奥琳比亚斯、阿基斯的母亲阿格西斯特拉塔、世界上第一位女诗人萨福，等等，都在历史上给人留下了深刻的印象。中世纪这段最为黑暗的历史时期，欧洲历史上的妇女备受压迫和摧残，但仍然不能阻止妇女奋力的挣扎和反抗，一些不甘被“命运”摆布的女性仍然取得了骄人的成绩。比如女摄政王阿妈拉松塔、女王布伦希尔德等。[①]教会采取一切手段扭曲和摧残妇女的人性，男

①李平．世界妇女史．海口：海南出版社．1995：86-96、102、106、139-142.

权传统加上禁欲主义的盛行，西欧中世纪的妇女真是处于水深火热之中。但自远古至整个中世纪封建社会，除了妇女自我的抗争，同样有一批心怀美好愿望的男士为妇女的不平等地位而常怀怜悯之情，甚至有些还主动地从男权社会的既得利益集团的藩篱中冲了出来，站在人道的立场大声疾呼。

我们似乎只记得苏格拉底有一个被称为“泼妇”的妻子珊蒂珀，其实此乃其一，真正耐人寻味的是苏格拉底居然能在彼时与这样一个妻子和睦相处。这不能不在一定程度上归功于哲学家苏格拉底思想的不同寻常。他曾说：“若无和谐一致，一个城市不会成为好的城市，一个家庭不会成为幸福家庭。”可见，在对待女人上，苏格拉底是罕见的开明。色诺芬也认为夫妻关系是一种相互配合的关系，并且认为家庭财产乃是夫妻共有。[①]至于柏拉图，我想还是不回避的好，有的人认为他是西方“女性主义”的先驱者，而其实不然，他提倡改善女人的身体和心理都只是为了男权社会的优生优育，并不是站在女性和人道立场的。[②]阿奎那在他的《神学大全》中说：“从宇宙大自然宏观来看，女人不是一种物质的不协调，而包括在宇宙大自然的意图之中，承担着生育的任务。宇宙大自然的意图是倚靠宇宙造物主上帝来决定的。因此在创造万物时，上帝既造了雄性，也造了雌性……从男人的肋骨创造女人，是很有道理的……这表明了男女的社会合作。女人不该具有凌驾于男人之上的权威，因而女人没有从男人的头部创造出来；把女人作为奴隶，屈从于男人的傲气，也是不合道理的，因而女

---

①《世界妇女史》，第 98 页。

②燕宏远，梁小燕．柏拉图：西方“女性主义”的先驱者．哲学动态，2005（10）．窃以为其观点不可取。

人没有从男人的脚部被创造出来。”[①]阿奎那的论据或许有点宗教的荒诞不经，但结论却不得不说正符合人道之要求。莎士比亚借哈姆莱特之口说，“脆弱啊，你的名字叫女人！”但莎士比亚并不歧视女性，他歌颂爱情，歌颂女性的美德，也对女性常怀怜悯之情。[②]我想，费尔丁《弃儿汤姆·琼生的历史》中威斯泰太太的话不能不说犹如晴空霹雳，“啊，对啦，”她说，“用鞭子抽打，就是你们男人想象的优越性的集中表现。你们男人的身体比我们女人的强；而不是你们男人的头脑比我们的强……不管你们男人勇敢也罢，聪明也罢，机灵也罢，懂礼也罢，我们女人总有一天把你们男人通统改变成：我们女人的奴隶。”[③]当看到这样的话语的时候，顽固的男人也许感到愤怒，但是理智的思想者就会发现，这种过激的言辞在那个时代是需要何等巨大的勇气？除非社会生活的压抑感已经让这个女性不爆发就会灭亡，女人是不会有这样的想法的。当初的作者也许不曾预料到，在现今的少数激进女性主义者那里，这已是她们行动的目标。

谈到中国的妇女，我们立刻就会想到中国历史上唯一的女皇武则天。她由唐太宗的才人，到唐高宗的妃嫔，到皇后，最后执掌国政，不满意于垂帘听政而由帘后公然转向帘前，这一步，是多么的伟大啊！中华多少代女儿都以此感到骄傲万分。之前的（隋朝）独孤皇后，之后的（清）慈禧太后也只能望其项背。武则天的事例在中国历史上绝无仅有，但这至少用事实说明了女人在禀赋上并不必然劣于男性。武则天在中国历史上第一次也是唯一一次以一个妇人的身份统治着整个的男权社会，这无疑粉碎了男性

①《西方思想宝库》，第 98 页。

②同上，第 103 页。

③同上，第 107 页。

先天优良，而女性天生卑劣的假说。当从"归根结底"的意义上说，武则天亦改变不了根深蒂固的男权文化体系，并且，她作为男权文化体系的"构造物"、长期浸泡在男权文化的狱笼中的个体，她在世和在位期间的种种举动和作为并没有超出男权文化的话语体系。

元代著名的戏曲家关汉卿，其通过文学作品所表达的先进妇女观，充满了人道主义的关怀。他不但深刻地刻画了当时妇女的悲惨命运，更为可贵的是他笔下的妇女那种敢于抗争和争取幸福生活的精神。《窦娥冤》就表现了这种女性的抗争。窦娥呼天抢地地质问、叱骂天地鬼神，就是女性对其自身命运的一种抗逆，我们不妨看一小段："[滚绣球]有日月朝暮悬，有鬼神掌着生死权。天地也合把清浊分辨，可怎么糊涂了拓跋颜渊。为善的受贫穷更短命，造恶的享福又寿延。天地也做得个怕硬欺软，却原来这般顺水推船。地也，你不分好歹何为地？天也，你错勘贤愚妄作天！"[①]明清时期的思想界掀起了一股同情妇女疾苦的思潮，其中李贽基于"天赋平等"思想的妇女观尤其比较彻底，他主张男女平等，在妇女参政、妇女接受教育、夫妻关系、寡妇及妒妇等问题上，均提出了进步的见解。李贽还将其妇女观付诸实践，如平等对待妻子和女儿、劝丧夫的儿媳改嫁、为寡妇打抱不平、招收女学生等。[②]

暴风雨！暴风雨就要来了！！妇女解放运动是随着封建政权的没落而兴起，在西方是资产阶级革命和最终执掌政权；在中国，是连着屈辱的历史一起到来的。国门打开，主动或被动地放眼世界，吸取西学，改造中华之女性，解放中华之儿女的行动一波又

①转引邓春玲．关汉卿进步的妇女观．南方论坛，2001（5）．

②陈桂炳．李贽的妇女观及其实践．南通师范学院学报：哲社版，2001（3）．

一波地进行。至“五四”前，中国妇女解放运动主要是在资本主义妇女运动思想的影响下进行的。

第二节　近代妇女解放运动的兴起

列宁曾经指出：“尽管颁布了种种解放妇女的法律，妇女仍然是家庭奴隶，因为琐碎的家务压在她们身上，使她们喘不过气来，变得愚钝卑微，把她们禁锢在做饭管孩子的事情上，用完全非生产性的、琐碎的、劳神的、使人愚钝的、折磨人的事情消耗她们的精力。”[①]若没有经济现代化的全面展开，想要在思维领域完成妇女解放的重任是不可能的。世界妇女运动的进程与经济现代化是基本同步的，每一次经济解放的浪潮都实际地推动了妇女解放的进程。中国历史上也曾经有过多次妇女解放重要契机，终因其尚未进入经济现代化的轨道而夭折。无论是太平天国运动、洋务运动还是资产阶级革命，都由于其并未触动农耕经济的根基而无法在现代性上得以展开。思想的启蒙一旦超离了经济的启蒙，那么，一切美好的社会理想都只能是一种无法实现的幻象。须知，“我们从过去的社会关系中继承下来的两性的法律上的不平等，并不是妇女在经济上受压迫的原因，而是它的结果”。[②]

一、现代化进程中西方社会妇女运动的兴起

理论的东西不管怎样时髦，都只是实践发展的结果。离开现实生活的土壤，一切理论就变成了无源之水、无本之木。正如毛

①列宁全集（37）.北京：人民出版社，1986：21.

②《马克思恩格斯文集》（第4卷），第87页。

泽东所说的："马克思说：'不是人们的意识决定人们的存在，而是人们的社会存在决定人们的意识。'"[①]西方中产阶级的女性主义思想也是在社会历史发展的特定环境下生成和发展的。尽管这种思想的萌芽据说在中世纪就已经有了，（根据李平《世界妇女史》介绍，16世纪末17世纪初的法国女郎玛丽·德·古尔内最早提出女权问题）然而，作为真正规模性的女性主义运动，则当始于工业革命。因此，女性主义运动应该说是随着世界现代化的开始而相继进行的。

罗荣渠先生认为："广义的现代化主要是指自工业革命以来现代生产能力导致社会生产方式的变革，引起世界经济加速发展和社会适应性变化的大趋势，具体地说，就是以现代工业、科学和技术革命为推动力，实现传统的农业社会向现代工业社会的大转变，使工业主义渗透到经济、政治、文化、思想各个领域并引起社会组织和社会行为深刻变革的过程。"[②]世界范围的现代化进程大致经历了三次大的浪潮，相应的世界女性主义运动也经历了三次浪潮，两者相继发生。在看似无关的两个现象之间，却有着千丝万缕的联系：现代化第一次浪潮是18世纪后期到19世纪中叶，由英国工业革命开端并向西欧各国扩散的早期工业化过程。这是一场史无前例的社会大变革，这场历史巨变使社会的各个领域和各个阶层的人民都卷入到一种令人疯狂的奋亢之中。妇女也是一样。在早期的资产阶级启蒙运动中，妇女和男性一样受到了资产阶级自由、平等、博爱等民主思想的激励和熏陶，卢梭在《社会契约论》里对人人生而平等的宣扬，唤起了处于"无权"状况的妇女的觉醒。因此在资产阶级

---

①毛泽东选集（2）.北京：人民出版社，1991：664.

②罗荣渠.现代化新论.北京：商务印书馆，2004：5.

的革命运动中，妇女与男子并肩作战，奋不顾身，为争取自由、平等权利而赴汤蹈火。

1789 年 7 月 14 日，巴黎市街上的一群女裁缝、售鱼婆和洗衣妇操起武器，撩起裙子，高声尖叫地加入了攻占巴士底狱的大军时，一场迄今两百余年的世界妇女运动拉开了帷幕。[①]长期遭受压抑的妇女开始认识到了女人也是具有完全人格的，和男子一样。这种意识导致了妇女开始追求政治、经济、文化、社会生活等各方面的权利。然而，掌权的资产阶级政权并没有给予妇女和男子一样的权利，社会依然属于男权专制统治。这对妇女来说是一种被欺骗！于是，在英国工业革命中、在法国大革命中、在美国的废奴运动中，妇女运动兴起了。由此而揭开了女性主义运动的第一次浪潮。

在这次女性主义运动的浪潮中，涌现出了一批实践家和理论家，法国女性运动家奥伦比·古日[②]指出，“妇女生来就是自由人，和男人有平等的权利。”[③]而英国女性运动的先驱玛丽·沃斯通克拉夫特所著《女权辩护》（1792）被称为女性主义运动的纲领性文件。此外，英国约翰·斯图尔特·穆勒的《妇女的屈从地位》（1869）一书也从资产阶级民主主义出发，为当时英国妇女所处的无权地位大声疾呼，抨击资产阶级的政治制度和社会制度，要求男女平等，使妇女享有受教育权、工作权和选举权。

世界现代化第二次浪潮是 19 世纪下半叶至 20 世纪初，工业化向整个欧洲、北美扩散并取得胜利的过程，同时在非西方国家

---

①《世界妇女史》，第 360 页。

②亦译“奥林珀·德·古热”，女性主义代表作《女权宣言》共十七款，仿效《人权宣言》而作。

③闵冬朝．国际妇女运动——1789-1989．郑州：河南人民出版社，1991：33.

产生巨大的冲击，拉开非西方世界走向现代化的序幕。工业化的继续发展，在深度和广度上都扩展了女性的发展空间，特别是经济物质需要的极大改善。到了20世纪30年代，女性的选举权以法律的形式确定下来，同时，教育和劳动就业也有所改善。但女性并没有因此而陷入沉默。因为，工厂制度也同时使妇女在这一异化劳动中丧失了自我。特别是，随着女性自我意识逐渐加强，民主自由思想更加深入人心，而社会对女性的歧视和贬低远没有消减到可以蒙蔽一切聪明人的眼睛。

如果说第一次女性主义运动浪潮还多少带有自发性质的话，第二次女性主义运动浪潮则开始走向自觉了。贝尔蒂娜·奥克莱是法国的一位激进女性主义者，她于1881年创办《女公民报》，这是第一份妇女参政报纸。1889年秋，波托尼埃·彼埃尔女士创建了法国的“妇女联盟”，后建“法国妇女联合会”，随后举办了首届“全国女权主义大会”。在英国，值得一提的是1903年，艾米林·潘克赫斯特夫人组织起“妇女社会与政治联盟”，号召妇女不遵从男人制定的法律，不向“男人政府”缴纳租税，鼓动妇女上街示威游行。[①]1908年至1914年，潘克赫斯特夫人及其女儿塞尔维娅多次带领妇女举行暴力运动，宣称“给我参政权，不然则死亡”的口号。美国独立之初，对妇女的歧视混杂着种姓的歧视。美国黑人女作家佐拉·尼尔·赫斯顿的著名小说《她们的眼睛仰望上帝》表达了黑人女性的强烈愿望——成为“一个女人应该成为的那个样子”。[②]这一阶段，在女性主义的阵营里，出现了百家争鸣的大好局面。

对基于生理性别的社会歧视，理论家和实践家都各抒己见，

---

①《世界妇女史》，第412页。

②同上，第536页。

辩论不休。出现了所谓的自由解放的女性主义、社会主义女性主义、激进女性主义等流派。而最有影响的当属西蒙·德·波伏娃（男权主义的习惯思维会使人说，著名存在主义哲学家萨特的终身伴侣，波伏娃）。她的《第二性》《女人是什么》被当作女权主义的“圣经”。而波伏娃则被尊为女性主义的精神领袖，旗手。当然，凯特·米利特、朱丽叶·米切尔等也是女性主义的重要人物。这个阶段，女性主义运动的余波震及远在东方的古老中国。随着西学东渐，女性主义为部分开明的中国知识分子所接受。

世界现代化的第三次浪潮是20世纪下半叶发达工业世界向高工业化升级与欠发达世界的大批国家卷入工业化的过程。这个时期，世界范围的新科技信息革命加快了世界经济一体化。日趋成熟的女性主义经过几番分化组合，在这一时期出现了新的特点。既有对过去的理论和实践的反思，也有信息社会面临的新境遇需要女性主义者去面对。在法国，各种妇女刊物多如牛毛，主题涉及“妇女和新闻”、“女青年教育和妇女教学”、“妇女与创造”、“妇女与科学”、“妇女与暴力”、“服侍人的妇女”、“妇女与土地”、“妇女与疯狂”、“妇女与技术”、“办公室妇女”等等，基本上涵盖了信息技术革命的各个方面和人们心理及社会存在的种种新形态。1970年8月26日，美国举行了全国规模的游行，要求权利平等；之后，纽约市市长宣布8月26日为“妇女解放日”。《参考消息》（周末增刊）1992年11月6日第三版上这样评价，“妇女越来越自信，她们相信自己可以做任何工作并且做得很好。在这一点上，女权运动可以引以为自豪。”

在漫长的时空内，妇女受压迫与私有社会的文明共增长。“女工运动的主要任务是争取妇女的经济平等和社会平等，而不仅是形式上的平等。”[①]前资本主义时期的社会生产方式，隔断了妇女与社会的联系，所以妇女的觉醒比较缓慢。而现代机器大工业的发明与普及，将妇女卷进了资本主义生产与再生产的全过程。妇女通过参加社会活动、生产劳动，开阔了眼界，开始意识到自身所受的待遇是不公正不公平的，形成了女性群体的斗争意识和要求男女平等的解放意识。[②]现代化的过程，正是女性觉醒和向男权主义展开斗争的过程。我倒是想起当初波伏娃的一句话，“女人不是天生的，而是变成的。”[③]在中国，封建腐臭相当浓重。但是，随着西方资本主义及其文化的扩张，所到之处，无有不同时吸取女性主义的思想的。世界女性主义的发展，对男权专制的冲击确乎功莫大焉。泱泱中国，男尊女卑了几千年，到了这个时候，似乎也是有所动摇了。

二、近代中国（“五四”前）的妇女解放道路

清朝末年，男尊女卑依然是男女关系上占绝对上风的思想。但是，世界资产阶级思想开始涌入中国，早期资产阶级知识分子寻求救国救民之道的时候，发现并引进了西方资产阶级民主思想，其中也包括了女性主义的思想。而中国真正意义上的妇女解放运动，当始于太平天国。洪秀全创立“拜上帝会”鼓动组织群众时，提出“天下多男人，尽是兄弟之辈；天下多女子，尽是姐妹之群”的男女平等主张。定都天京以后，太平天国禁止娼妓、缠足、买卖奴婢。《天朝田亩制度》是一个具有资产阶级民主色彩的革命

①列宁全集（38）．北京：人民出版社，1986：204.

②潘萍．“与时俱进”——马克思主义妇女观的灵魂．中华女子学院学报，2004（4）.

③西蒙・德・波伏娃．女人是什么．王友琴，邱希淳译．北京：中国文联出版公司，1988：24.

纲领性文件，其中规定“凡分田照人口，不论男女”，显示了男女经济地位的平等；太平天国还设置包括女军师、女丞相等官职的女官制度，让妇女在各级政权中供职，同时还让妇女参加应试，选拔人才。中国妇女第一次获得了政治权利。[①]太平天国的妇女革命行动，不仅为太平天国革命运动作出了贡献，同时也揭开了妇女解放运动的序幕。

而资产阶级维新派，则吹响了以兴办女学、戒除缠足恶习为主要内容的妇女解放的号角。早期维新派的代表人物王滔、郑观应、陈炽等在兴办洋务的过程中，接触到了西方的一些资产阶级思想文化，较早了解到西方妇女的一些社会生活。他们在主张兴洋务以富国强兵的同时，也提出了妇女解放的一些问题，比如曾谈到兴女学、戒缠足和一夫一妻制的重要性。[②]1895年，康有为、康广仁等在广州、顺德等地成立了“不缠足会”。康有为的女儿康同薇、康同璧带头不缠足（“不缠足会”后终因旧势力的反对，不能坚持，收效甚微）。1897年，梁启超、谭嗣同、康广仁等在上海《时务报》报馆内创设了不缠足总会，接着湖南、广东等地响应。1898年8月，光绪皇帝下诏严禁妇女缠足，但随着维新变法的失败，不缠足运动亦偃旗息鼓。直到1902年，清政府才下令禁止妇女缠足，此后遂成时尚。

1898年5月，由梁启超、康广仁等维新人士创办的中国女学堂在上海成立，这是中国历史上第一所女子学堂。中国女学堂以贤妻良母主义为办学方针，同时亦宣讲封建“三从四德”，因而具有浓厚的封建性。这一点，我们是能够理解的，因为在这次资

---

①牟杨珠，杨鸿台编写．中华女界之最．上海：上海人民出版社，1993：296-297.

②吴燕编著．百年中国社会图谱：从小脚女人到社会半边天．成都：四川人民出版社，2003：32.

产阶级政治运动中，站在前列的是上层民族资产阶级，也就是民族资产阶级中同帝国主义、封建主义关系较多的一部分。[①]1898年7月，中国妇女创办的《女学报》在上海创刊。该刊的创办人多为维新女性，如裘毓芳、康同薇、梁启超的夫人李惠仙等。维新女士们以《女学报》为阵地，以妇女解放为己任，向男尊女卑的封建道德猛烈开火，大胆喊出了男女平等的口号。秋瑾女士（1875–1907），号竞雄，称鉴湖女侠，是杰出的资产阶级革命家。秋瑾揭露了妇女在封建礼教下遭受的重重压迫和不平等待遇，她认为这种压迫和不平等主要表现在缠足、包办婚姻等上面。同时也看到了女性财产权的缺位，说："最恨古人行毒制，女何卑贱子何尊？纵有百万产业女无份，尽归儿子一身承，分明都是亲生养，一般骨肉两看承……"秋瑾还分析了女子遭受不公正待遇的原因，并指出了妇女解放的途径。指出，妇女的悲惨命运源于自身的文化素质太低、太无知。因此，要求得妇女的解放，就要让妇女放足、求学、学会自立、合群等。"欲脱男子之范围，非自立不可；欲自立，非求学学艺不可。"秋瑾女士还把国家的命运和妇女解放联系起来，说，"国要是亡了，男人自己也不保，我们还想靠他么？"[②]以此号召妇女参加革命事业。

就近代中国之解放的探索，我们永远不会忘记资产阶级革命领袖孙中山先生。他的"三民主义"就包含着妇女解放的思想。"民权"中包括女权，"民生"中自然也包括妇女的生存，而"民族"亦非独男人之民族，而是中华儿女共同之民族。辛亥革命后，

---

①胡绳．从鸦片战争到五四运动（简本）．北京：红旗出版社，1982：357.

②邵晓芙．秋瑾的妇女解放观探微．三峡大学学报：人文社科版（增刊），2001.

几千年的王朝终于被推翻了，我国第一所女子大学——北京女子高等师范学校也成立了，男女平等写入了临时约法。但男权思想却并没有因此而销声匿迹，“国学大师”辜鸿铭就是个老顽固。他提出的“壶一杯众论”（假以说明一夫多妻之合理，荒谬之极），至今尤为开明人士所不齿。而此等人士，不足以挡历史进步之车轮。从太平天国、洋务运动到辛亥革命，几十年中，中国妇女之解放向前迈出了一大步，虽然此时的妇女解放在理论上尚没有自己的创见，乃依西方女性主义而动，停留在唤醒个人觉醒的层面上。特别是，民族资产阶级的两面性，使妇女革命之革命性掺混着封建的不彻底性；但与男权独裁相比，终究是人道化的、进步的。星星之火，可以燎原。妇女解放运动正以不可阻挡的步伐向前迈进。当然，在妇女解放的进程中，没有平坦的大道可走，我们要明白，“世界是在进步的，前途是光明的，这个历史总趋势任何人也改变不了。”[①]但道路是曲折的，我们面前的困难还有很多，妇女解放任重道远。太平天国没有最后胜利，是因为农民阶级不是先进的阶级。维新变法没有成功，是因为其对封建王朝的幻想，且封建势力终究不愿意放弃自己的既得特权，因而遭到顽固势力的阻拦。辛亥革命革命“只是推翻一个清朝政府，而没有推翻帝国主义和封建主义的压迫和剥削”。[②]所以妇女解放的任务，历史地落到了无产阶级的身上。全体志在解放妇女之女士和先生须记住孙中山先生的话：革命尚未成功，同志仍需努力。

十月革命一声炮响，给我们送来了马克思列宁主义。十月革命帮助了全世界的也帮助了中国的先进分子，用无产阶级的宇宙观作为观察国家命运的工具，重新考虑自己的问题。我们要谢谢

①《毛泽东选集》（第 4 卷），第 1163 页。

②同上，第 1511 页。

马克思、恩格斯、列宁和斯大林，他们给了我们以武器。这武器不是机关枪，而是马克思列宁主义。这时，也只有这时，中国人从思想到生活，才出现了一个崭新的时期。中国人找到了马克思列宁主义这个放之四海而皆准的普遍真理，中国的面貌就起了变化了。[①]中国和世界人民的妇女解放运动一浪高过一浪，却始终没有最终实现妇女的完全解放，男权主义阴魂不散。

女性主义思潮进入中国与整个西学东渐具有相对同步性。追求人的自由与独立，在个人性的视域来观审男女平等的思想渊源，这是非常有必要的。但是，批判的武器不能代替武器的批判。封建社会积习已久的男尊女卑思想，自太平天国以来，受到了西方个人自由解放思潮的冲击。思想的启蒙运动在游离于经济的启蒙运动的情况下，其所能获得的实际效果是非常有限的。

历史上的三次现代化浪潮催生了三次妇女解放运动的高潮。现代化与妇女解放之间的关联并非偶然。中国的妇女解放运动尽管从未停止过，但是，由于现代化起步较晚，因而所取得的成就亦不十分明显。太平天国运动、维新变法、资产阶级革命都未能使妇女获得真正的解放。在这样的历史背景下，妇女解放的任务，就落到了无产阶级的身上。因为，只有无产阶级才是先进生产力的代表，是现代化建设的生力军。反过来说，无产阶级要想真正实现妇女彻底解放，构建社会主义两性和谐，我们就要坚持以经济建设为中心，大力发展社会主义市场经济，特别是发展第三产业以及可以获得“体力差异豁免”的高科技产业。只有在生产中获得与男子相同的地位，男女平等和社会和谐才是现实的——而恰恰是这一点，理所当然地成为科学发展观的题中应有之义。

现在，苦闷彷徨之仁人志士，终于看到了妇女解放之曙光，

①《毛泽东选集》（第4卷），第1469-1471页。

那就是——马克思主义！在马克思主义妇女观的指导下，中国的妇女解放运动翻开了新的篇章。随着马克思主义在全世界的最终胜利，我们相信，世界妇女将再也不会受到任何压迫和歧视。我们必须坚信：马克思主义的使命就是解放全人类！新中国的成立，使我国妇女发展获得了前所未有的政治自由和人身平等的权利；改革开放以来，妇女从事各种社会事务的机遇更多，然而面临的挑战也更多。目前，在就业市场、参与社会事务的机遇、薪酬待遇、家庭生活中，妇女的地位无疑得到了较大地提高，但存在的“歧视”、“家暴”等现象尚未完全消失。最终建成两性和谐的社会，使男女在生产、生活中完全突破性别限制，归根结底，还得依靠经济现代化的深入、持续发展。

附　论

尼采的厌女症及其病因探微

（作为对西方男权主义的一个极端意见，也许尼采的反女性思想是最为尖锐而令人厌恶的，也许在一些学者看来，尼采本身并不是为了“反女性”而反女性，在尼采那里，反女性的立场是有着千万种可以被解读的隐喻的。然而，将妇女隐喻为一种男性的对立物，这本身就是一件十分荒谬的事情，而一旦学者们将在现象背后无限探寻“真义”当作自己的第一要务，则学术的荒诞亦裸见于大众。）

“厌女症”是西方女性主义学者在形容“父权制”时常用的一个概念，意指对女性的蔑视和贬低。其具体表现为：其一，把女人看作“灾星”，是不祥之物，即红颜祸水之谓。其二，把女人看作“物件”，可以作为战利品供自己炫耀，或者作为礼品馈赠他人。其三，把女人视为“工具”。其四，为了进一步奴化女人，对女人进行无休止的愚化。

一、尼采厌女症症状描述

尼采是否患有厌女症，这是不能信口开河的，但尼采对女性的歧视似乎是公认的。为了得到科学的“确诊”，我们有必要从其文本中探寻其思想痕迹，这是我们确定尼采是否患有厌女症的唯一可能的依据了。在尼采的著作中，我们发现了他发病的若干症状。

（一）爱情和婚姻——纯粹性欲和性关系

尼采说，贪婪和爱情可能只是同一个欲望的两种说法罢了。

爱情最明显地表现为对占有的追求。情郎总想绝对占有渴望得到的女人，也企盼对她的灵魂和肉体拥有绝对的权力。在尼采看来，爱情的实质不过是一种性爱的贪欲。“灵魂的伟大本身丝毫没有任何浪漫主义的东西”，如果女人为了某个男人而牺牲自己的荣誉、青春、贞洁，那也并非爱情的真谛。爱情只是一种自私自利的渴求，或者根本就是一种欺骗。同样，婚姻在尼采的心目中也只不过是一种“肮脏而失礼的行为”，“市民意义上的婚姻，显然也就是本意高贵的‘婚姻’，它指的根本不是爱情，也不是金钱——爱情不会形成任何制度——它说的是社会颁发给两个人达到性欲相互满足的那张证书。”因此，婚姻不过是“卖淫的改良方案”，换言之，婚姻关系就是一种被合法化的长期的性交关系。美好的爱情和神圣的婚姻已经被尼采糟蹋得污秽不堪了。

（二）女人乃是一种工具——为生育和淫乐

尼采不止一次讲到，男人适合于战争，女子适合于生育。对于女人，仅仅是一个能生育的动物而已。他认为“繁殖是最神圣的事”，而女人必须在这个神圣的事件中履行好自己的职责，那就是：生育尽量多的，适应于战争的战士。“女人身上的一切是个谜，女人身上的一切只有一个答案，这就是妊娠。”除了怀孕，其余的一切都是愚蠢的。当然，尼采并不因为这种传宗接代的“伟大事业”而忘了“乐事”和“软榻”。尼采说，对有点节制的人来说，支配肉体和性爱享受被认为是达到足够的、满意的拥有和占有的标志。女人对尼采来说，的确是一个泄欲的工具，一个淫乐的工具。这从他对人类高洁之性爱的理解可以看出。他说：“性爱意欲制胜、占有，并且表现为委身于人，说到底，性爱不过是对自己的‘工具’之爱，对自己的‘马儿’之爱罢了——性爱坚信某物是属于自己的，即属于一个有能力使用某物的人。”总之，女人存在的价值全在于生育和为着男人的淫乐——这就是尼采的思想。

（三）女人的幸福在于成功地引诱男子

正因为女人是男人生育和泄欲的工具，所以女人在人生中最大的幸福，就莫过于想方设法勾引男人，以完成自己的“使命”。因而，女人需要一副悦目的容面，并为此而作出不懈的努力。尼采认为，“惟女人中之卓绝者知道这：少许的肥和少许的瘦——唷，在这少许之上悬挂着多少命运啊”！这与我们国人常讲的“女为悦己者容”是一样的腔调。他认为，女人就应该“在男人想起女人时出现的意识的影响下，关心男人对理想化作出的努力，因为她梳妆打扮、步态轻盈、能歌善舞、话语温柔多情。同样，她也不时演习娇羞之态、距离之感——本能以此来增强男子理想化的能力”。因为这种“质朴天真的羞涩之情才能最大限度的引诱男子”。所以，对于女人，在她们的幸福中最应该感谢她们的裁缝，或许因为这华服真正让女人成为“花瓶”。是故女人幸福的前提就是拥有高贵的名字、漂亮的大腿、娇媚的面容、华丽的服饰。

（四）女人乃是心贫之人，女人等于无知

在尼采的言录中，女人是无知和无用的，不论在科学上还是在艺术上都是如此。他说：“整个艺术和科学的链条，假如其中少了女人，少了女人的事业，真的就缺了个环节吗……他（作者注：指艺术家）认为，除非女人善于成为形式（——委身于人，使自身公开化——）否则便没有任何价值。”女人在艺术中顶多就是男性意志的表达工具。女人天生就是心贫之人，尽管她们自身亦时常试图改变自己的地位和命运。然而，在尼采看来，这一切都是徒劳的。“妇人的天性浅薄，如浅水上漂游的一层浮沫”，不可能在现实社会中找到安身立命之所。尼采认为，“如果一个女人有做学问的嗜好，那么通常其在性方面有某些毛病。就是不孕症，也会促成审美的某些阳性化。”尼采于是说，女人，只要

“能够满足男人的愿望，给男人最大的刺激”就够了。当然，如此无知无用的女人，才正符合尼采对女人彻底占有和奴役的需要。男人如果真要把女人当“物件”一样占有和使用，就必定要对女人进行愚化，使她们成为没有涵养的人，没有灵魂的人。

（五）女人的特质——阴私和愚蠢

尼采对女人特征的描述中，常使用的词语有：贪婪、轻浮、嫉妒、迂阔、软弱、无聊、俗气、浅薄、阴郁、平淡无奇、自欺、渺小阴私、装腔作势、淫荡、虚伪，等等。他从来都未曾把女人当人看。女人的一切特征，一切努力，一切行为，似乎都是卑微的、低下的，是有着肮脏的目的和下流的欲念的。他说，“女人！人类之半是软弱的、典型病态的、变幻无常的、朝三暮四的——女人需要强力，以使自身好去攀附”。在尼采心目中，女人是贪欲和愚蠢的化身，除非在钩心斗角的场合下，在爱与情的纠葛中，女人才表现出自己天赋的凶残与狡诈。而凡是没有爱与恨参与游戏的地方，女人表演得就很平庸。尼采自以为看透了女人的心思与本质，他告诫男人要当心“女人那正宗的、猛兽般的、狡猾阴险的随机应变，女人手套下面藏着的猛兽般的利爪，自私的天真，不可教性和内在的野性，不可捉摸性，欲望和美德的迂阔和淫荡”，因为“女人本质上是不温和的，就像是猫，练就了温和的外表”，“在仇与爱中，女人比男人更野蛮”。

（六）公开反对男女平等

尼采认为，在“男人和女人”这个基本问题上强词夺理，否定这里深不可测的对抗和永恒敌意的紧张状态，也许在这里梦想同等权利、同等教育、同等要求和责任——这是头脑简单的典型标志。面对妇女解放运动的兴起，尼采十分恐慌。除了苦口婆心地劝女人要对有关女人的事保持沉默外，还在理论上企图论证女性解放的不合时宜。他说，如果一个女人提及罗兰夫人和斯塔尔夫人，或者乔治·桑，好像以此就能证明什么东西真能提出有利于“本来的女人”似的，那么在男人中间，前述的人物就是三位可笑的本来女人了——不再是别的！这正是对解放和女性专横自负的最佳的不情愿的反证。尼采拒绝承认男女双方的平等地位，尽管他也意识到这种言行有点野蛮，甚至犯罪，但他依然义无反顾地“为最粗野的理想造空气”。他觉得，在男女两性的这个基本问题上，有必要发扬东方式的“男尊女卑”的“优良”传统。所以他幼稚地告诫女性，把“女性”和“进步”写在大小的旗帜上，这不是有良好教养的聪明女人干的事情。

（七）女祸论和虐妇倾向

像东方的封建警言“红颜祸水”一样，尼采思想中也有一股浓重的“女祸论”的腐臭味。他强调说，“女人会使强者弱化——一旦她有能力制服强者，就要面南而王。女人在历史上总是同颓废种类即教士沆瀣一气，反对‘有权力的人’、‘强者’、男子汉——”或许这也就是他千方百计要置女人于死地的缘故。正如刚才所指出的，尼采顽固地抵抗妇女解放运动的兴起，否认男女平等的可能。女人作为应当“关起来”的玩物，类似猫和鸟，因而女人当然要顺从男人的意志。作为具有意志本性的男人，也有义务把女人调教得听话一点。不要对女人有任何的怜爱和同情心，因为“她们的存在就是促使男人时刻把粗暴铭记于心”，男人不需要对女人讲良心。尼采借助一个老妇人的话说，“你要走向妇人们去么？别忘了你的鞭子！”这里的虐妇倾向已经相当明显和露骨。

至此，尼采的厌女症症状已经相当清楚了。我们之所以再度提起尼采，把他重新推进“诊断室”，不是因为别的，而只是害怕这种遗毒的流行和传染。因此，除了揭示这种病症的表征，我们还很有必要了解尼采患病的原因。

二、尼采厌女症病因探微

首先，西方“传统”的影响是尼采厌女症的社会遗传因素。我们知道，从西方古老的神话传说中，就有“厌女症”的发微。《伊利亚特》中，女人既是战争的原因，又是战争的战利品。而亚里士多德，作为奴隶主的代言人，不论是从他的“辩护”还是“探讨”中，对女性的贬低也始终是不变的。甚至近代的卢梭也认为女性对男性的服从乃是天生的。而尼采那个时代的德国，在当时西方社会中受“传统”的影响是相当深的。

其次，根深蒂固的贵族情结也理所当然成为尼采厌女症的致病因素。尼采自诩高人一等，在任何时候和任何场合下都极其害怕被遗忘，被超越。所以他以为“一切纵容包庇和让‘人民’或‘女性’出人头地的做法，都等于赞成‘普遍选举权’，即赞成劣等人的统治”。可见，尼采十分害怕贵族地位被动摇。所以当妇女解放运动兴起的时候，尼采真是浑身奇痒难忍，惊慌失措。

再次，苦难人生的现实际遇是导致尼采厌女症的直接原因。尼采在生活中是那么的孤援寡助，茕茕孑立，形影相吊。他5岁丧父，26岁因病退役，35岁病重辞去教职……以后就更惨了。对尼采的不幸，我们没有任何理由不寄予同情。另外，尼采有过失恋的痛苦，一生迷恋俄国女子莎乐美，无果。又有在科隆的嫖妓经历，最后还染上梅毒，并终此一生。我们似乎可以粗略地感觉到一个被社会和爱情遗弃的男子，在梦想破灭以后对自身本性的背叛和对女人的报复——通过放荡不羁的言语和行动。当然，尼采对女性的歧视（厌女症），也是不可能与其一贯的权力意志征服一切的思想脱离干系的。而在现实生活会中，凡是对女性抱着天然的敌意的人，不就是这么一些顽固而简单地缘由么——腐臭的传统男权文化的熏陶，个人遭际上对外因的过分解读——通过制造“残缺”的他者形象来弥补自我人格和自我意识的残缺。

第二章　马克思主义妇女观的形成和发展

有人宣称："马克思是一个典型的大男子主义者，俄国革命是一个男性俱乐部。"[①]也许是因为马克思本人并没有专门的著作探讨妇女压迫和女性解放问题；但是，他的著作却为我们提供了理解潜藏于妇女压迫现象下的结构关系的强有力的工具。事实上，马克思和恩格斯在创建马克思主义理论体系的过程中经常触及妇女问题，在《共产党宣言》《德意志意识形态》《共产主义原理》《法兰西内战》《哥达纲领批判》《家庭、私有制和国家的起源》等著作，以及恩格斯致考茨基、拉法格等的通信中，都有大量关于妇女问题的论述。形成了以辩证唯物主义和历史唯物主义为基础的相当系统的马克思主义妇女观。

在美国出版的《科学与社会》（2005 年第 1 期）杂志举行的"当今马克思主义女性主义思潮"讨论中，几位女性主义者一致表示：女性主义思潮和女性主义运动要想取得真正的进步，就必须接纳和吸收马克思和恩格斯著作中相关的、至今仍然是马克

①（美）罗兰·斯特龙伯根．西方现代思想史．刘北成，赵国新译．北京：中央编译出版社，2005：569.

思主义实践的主流原理和理论策略。[①]在此，我们先不要着急于知道女性主义与马克思主义关于妇女问题的渊源，在第四章中将具体地对二者进行比较研究。当下急于知道的是，马克思主义是否真的是男性的独角戏？马克思主义的妇女观又是什么？它具体体现在什么地方？

第一节　马克思主义妇女观在欧洲的形成和发展

一、马克思、恩格斯创立了马克思主义妇女观

马克思主义是否关注女性，是否有关于女性解放的理论诉求和行动，我们不能信口雌黄，得从马克思、恩格斯以及后来的马克思主义者在实践和理论工作中是否真的忽视了妇女问题。轻妄地得出马克思主义是男性主义的理论学说是有悖常识的，而在对马克思主义一知半解甚至完全无知的情况下断言马克思主义缺少对妇女的关注则是轻浮的表现。更不用说那些明知马克思主义是一种为全人类解放事业而生的理论科学而故意诋毁者的用心之险恶。

1. 马克思是通过对人类解放道路探索的宏观把握来对待妇女问题和妇女解放的。

我们毫不隐讳地说，在马克思的著作当中，的确没有专门的、关于女性问题的细枝末叶的理论研究。但伟大的无产阶级革命导师，在他为人类革命事业鞠躬尽瘁的过程中，却并没有把妇女解放当作人类解放之外的事业。在他的理论框架下，妇女解放乃是人类解放的必然要求和应有的结果。在1844年的《神圣家族》中，

---

①王淼．介评后现代女性主义对马克思主义的态度．黑龙江社会科学，2007（3）．

马克思引用了空想社会主义者傅立叶关于婚姻问题的评述："某一历史时代的发展总是可以由妇女走向自由的程度来确定。"[①]马克思认为这种论断是"精辟"的。因此，在他1868年12月12日致路德维希·库格曼的信中再次说，"每个了解一点历史的人也都知道，没有妇女的酵素就不可能有伟大的社会变革。社会的进步可以用女性的社会地位来精确地衡量。"[②]尽管这种思想并非马克思的创造，但却已经内化成马克思本人的信仰和实践出发点了。

马克思从整个人类解放的高度来看待妇女解放问题，他认为，妇女受压迫和剥削的根源在于私有制度的建立，是生产力发展到一定阶段，而又没有充分发展的一个较长时期的历史现象。在他与恩格斯合著的《德意志意识形态》中指出，随着生产力的发展，出现了人类分工，"与这种分工同时出现的还有分配，而且是劳动及其产品的不平等的分配（无论在数量上或质量上）；因而也产生了所有制，它的萌芽和原始形态在家庭中已经出现，在那里妻子和孩子是丈夫的奴隶……其实，分工和私有制是一个同义语，讲的是同一件事情，一个是就活动而言，另一个是就活动的产品而言。""当分工一出现之后，每个人有了自己一定得特殊的活动范围，这个范围就是强加于他的，他不能超出这个范围：他是一个猎人、渔夫或牧人，或者是一个批判的批判者，只要他不想失去生活资料，他就应该是这样的人。"[③]这是马克思首次谈到妇女受压迫的根源，那就是私有制度。私有制度不消除，妇女就永远只能是"应该是这样的人"，而受到男权和有产者的剥削。

①全国妇联编写．马克思、恩格斯、列宁、斯大林论妇女．北京：中国妇女出版社，1987：7.

②马克思恩格斯文集（10）．北京：人民出版社，2009：299.

③《马克思、恩格斯、列宁、斯大林论妇女》，第36页。

就是现代资本主义社会，也并没有使妇女翻身，这大概也是女性主义兴起的原因。马克思早就说了，尽管资本主义创造了比以往一切时代的生产力还要多还要大的巨大生产力，但是资本的每一个毛孔都充满了血和肮脏的东西。“机器成了一种使用没有肌肉力或身体发育不成熟而四肢比较灵活的工人的手段。因此，资本主义使用机器的第一个口号是妇女劳动和儿童劳动！”但是，这并不等于妇女从此有了社会的参与权，这只是使工人家庭的男女老少都纳入到资本家剥削的范围。“机器从一开始，在增加人身剥削材料，即扩大资本固有的剥削领域的同时，也提高了剥削程度。”[①] 现代工厂制度和现代工场手工业以及资本主义的家庭劳动，都是建立在对妇女的无耻的剥削之上的。

只有在共产主义社会里，“任何人都没有特定的活动范围，每个人都可以在任何部门内发展，社会调节着整个生产，因而使我们有可能随我自己的心愿今天干这事，明天干那事，上午打猎，下午捕鱼，傍晚从事畜牧，晚饭后从事批判，但并不因此就使我成为一个猎人、渔夫、牧人或批判者”。[②]妇女也就不会再因为社会分工而从属于男性和剥削阶级。由此指明了妇女解放的道路。此外，在对资本主义进行批判的时候，马克思还指出了妇女参加工厂对工人子女的无情打击，造成了工人子女出生后惊人的死亡率。[③]认为资本主义工厂制度下的劳动妇女不但遭受了严厉的肉体的折磨，也遭到了残酷的精神摧残。他呼吁，应该减少妇女劳工的劳作时间。[④]在《临时中央委员会就若干问题给代表的指示》中还特别强调：“必须绝对禁止妇女从事任何夜工，也禁止她们

①《马克思、恩格斯、列宁、斯大林论妇女》，第 169-170 页。

②同上，第 37 页。

③同上，第 172 页。

④同上，第 68 页。

从事对妇女较弱的身体有害的，以及可能使她们受到有毒物质及其他有害物质影响的各种劳动。”[①]

就是在家庭生活中，马克思也是一个善良而负责任的丈夫和父亲。他在秘密致女儿劳拉的男朋友保尔·拉法格的信中，我们可以看到一个开明而负责任的父亲和一个善良而充满爱意的丈夫的形象。他说：“我已经把我的全部财产献给了革命斗争。我对此一点不感到懊悔。相反地，要是我重新开始生命的历程，我仍然会这样做，只是我不再结婚了。既然我力所能及，我就要保护我的女儿不触上毁灭她母亲一生的暗礁。”[②]在为全人类谋福祉和为自己的爱人谋幸福的两难处境中，显然马克思只能忍痛割爱。但从上面的话语我们不难看出一种英雄内心的柔肠。马克思的伟大之处，并不完全在于他看得清资本主义的种种弊端，关键是，他已经朝自己的目标努力了，付诸实践了。在批判资本主义家庭赤裸裸的金钱关系时，自己正为着妻女的幸福而劳心。这就是一个真实的马克思。那么，谁还在叫嚣马克思是一个大男子主义者呢？

2. 马克思的亲密战友恩格斯对妇女问题关注更加细致，他从妇女受压迫的根源、表现、妇女解放道路等各方面阐述了马克思主义妇女观的基本思想。

除了与马克思共同创作的一些著作中有大量妇女问题的研究以外，恩格斯早在1845年完成的《英国工人阶级状况》中就对资本主义社会劳动妇女的悲惨境遇有了详细的介绍和分析。正如在《共产党宣言》和马克思《资本论》第一卷中所讲到的，资本主义生产使女性走出了家门，开始在工厂中工作，因为“随着机器的使用，手的活动和肌肉的紧张逐渐被水力和蒸汽力所代替，

①《马克思、恩格斯、列宁、斯大林论妇女》，第55页。

②马克思恩格斯全集（31）. 北京：人民出版社，1972：521.

于是就愈来愈没有必要使用男人了。因为女人和小孩子不仅工资比较低，而且如上面已经说过的，比男人更适合于做这个工作，所以她们就代替了男人。”[①]但在资本主义私有制下，妇女没日没夜的操劳并没有改变其卑下的地位。解雇的威胁使得女人们必须任由资本家的践踏：精神的和肉体的。

妇女的过度劳累导致了许多孕妇产不下健康的孩子；少得可怜的产假，让妇女的身子一天天垮掉。为了维持机器不停地运转而增加资本家的剩余价值，妇女们失去了做母亲的权利，母爱被机器的轰隆声赶走了，使得整个社会陷入更加无情的状况。正如恩格斯所说的：“资产阶级的这种令人厌恶的贪婪造成了这样一大串疾病！妇女不能生育，孩子畸形发育，男人虚弱无力，四肢残缺不全，整代整代的人都毁灭了，他们疲惫而且虚弱——而所有这些都不过是为了要填满资产阶级的钱袋！”[②]

《家庭、私有制和国家的起源》被视为马克思主义妇女观形成的标志性著作。在这本书的序言中，恩格斯就从“两种生产”的理论入手，从根源上探讨了妇女受压迫的起源。物质资料的生产和人类自身的生产在历史发展中是具有决定性的因素。当前者并不发达的时候，社会制度较多的受到后者的支配；而当前者日益发展起来，私有制和交换、财产差别、使用他人劳动力的可能性也就日益发展起来，血族家庭逐渐受到所有制的支配，阶级对立和阶级斗争自由开展起来。妇女问题成为阶级问题的一种特殊形式。

恩格斯认为：“那种认为妇女在社会发展初期曾经是男子的奴隶的意见，是我们从十八世纪启蒙时代所继承下来的最荒谬的

①《马克思、恩格斯、列宁、斯大林论妇女》，第 9 页。

②同上，第 21 页。

观念之一。在一切蒙昧人中，在一切处于野蛮时代低级阶段、中级阶段、部分地区也处于高级阶段的野蛮人中，妇女不仅居于自由的地位，而且居于受到高度尊敬的地位。”[①]后来随着男性财富的增加，丈夫才在家庭中逐渐居于主要地位，并且由于私有观念和私有现象的出现，财产的继承问题直接导致了母权制度的瓦解。然而，在这个过程中，起决定作用的，乃是生产力发展所引起的分工和私有制的出现与确立。“母权制的被推翻，乃是女性的最具有世界历史意义的失败。丈夫在家中也掌握了权柄，而妻子则被贬低，被奴役，变成了生孩子的简单工具了。”[②]因此，在历史上出现的“最初的阶级压迫是同男性对女性的奴役同时发生的。”[③]

那么，现代资本主义制度下的妇女，其地位为何甚至比不上蒙昧时代的妇女呢？恩格斯认为这是因为古代的妇女从事了更多的社会劳动，因而受到极大的尊敬。现代的一些所谓的贵妇人，无非是资本的寄生虫，是资本家的财产之一，在华丽糜俗的外衣下面，依然受着资本家（有产者）的控制与压迫，比起野蛮时代辛勤劳动的妇女来，其社会地位是无比低下的。并且断言，“只要妇女仍然被排除于社会的生产劳动之外而只限于从事私人的家务劳动，那么，妇女的解放，妇女同男子的平等，现在和将来都是不可能的。”那么，如何使得家庭劳动不再是妇女发展的束缚呢？现代资本主义制度下的大工业机器生产为此提供了可能。家务劳动将逐渐融入公共的事业中，但这还只是一种解放的契机。因为在资本主义社会，有产者对无产者，资本家对劳动妇女的盘

①《马克思、恩格斯、列宁、斯大林论妇女》，第102页。

②同上，第111页。

③同上，第119页。

剥还依然存在，并以隐蔽的方式加强了。所以摆在劳动妇女，即无产阶级妇女面前的任务就是推翻资本主义制度，建立财产公有的社会制度。这样才能最终实现妇女的彻底解放。

而在公有制社会，或者未来理想社会里的男女关系将会实现空前革命的气象，消灭了资本主义生产和其财产关系的新社会的男女，在选择配偶的时候，除了相互的爱慕之外，就再也不会有别的动机了。“男子一生中将永远不会用金钱或其他社会权力手段去买得妇女的献身；而妇女除了真正的爱情以外，也永远不会再出于其他某种考虑而委身于男子，或者由于担心经济后果而拒绝委身于她所爱的男子。”①随着个体家庭不再是社会的经济单位，教育和抚养孩子成为公共的事业，妇女也就可以自由而全面地发展自己的能力，获得完全彻底的解放。“我深信，只有在废除资本对男女双方的剥削并把私人的家务劳动变成一种公共的行业以后，男女的真正平等才能实现。”②

可见，恩格斯关于妇女解放的思想是有着极其严密的内在逻辑的，不但在学理上是完全科学的，而且在实践中也是行得通的。上面所述全是从大的角度来论述妇女解放的。在任何一个他所察觉的地方，恩格斯都对妇女问题给予了极大地关切。比如妇女劳动强度、男女性爱、婚姻爱情、家务劳动，等等。这里就不做更多的引证了。由此，马克思主义妇女观得到了基本确立。

二、列宁、斯大林对马克思主义妇女观的发展和实践

1. 在无产阶级革命史上，列宁是第一个真正把马克思主义妇

①《马克思、恩格斯、列宁、斯大林论妇女》，第136页。

②《马克思恩格斯文集》（第10卷），第536页。

女观完全运用于实践中的伟大领袖。

他继承了马克思、恩格斯关于妇女解放程度是人类文明程度的标尺的思想，非常重视妇女理论的发展和妇女工作实践，形成了有一定苏俄特色的马克思主义妇女思想。列宁在妇女观上，至少有这么五个方面的思想与实践是需要引起我们注意的：（1）妇女解放在俄国与在世界的关系问题。（2）妇女解放的阶段性。（3）男女在形式上的平等与实际的平等。（4）妇女应该主动争取自身的解放。（5）妇女参加劳动的意义与特殊性。（6）妇女解放的程度与社会进步、科技进步的关系。

列宁不无自豪地在《伟大的创举》《论苏维埃共和国女工运动的任务》《苏维埃政权和妇女的地位》等文章中反复宣布，就妇女解放来说，世界上任何一个最先进的资产阶级共和国的任何一个政党，几十年来也没有作出我们在俄国政权建立后第一年内所做到的百分之一。宣称“我们真正彻底废除了那些剥夺妇女平等权利、限制离婚、规定可恶的离婚手续、不承认私生子、追究私生子的父亲等等卑鄙的法律，这种法律的残余在各文明国家内还大量存在，而这正是资产阶级和资本主义的耻辱。”①在《论苏维埃共和国女工运动的任务》一文中，列宁至少六次强调了上述自豪的话语。“除了苏维埃俄国，世界上没有一个国家的妇女是与男子完全平等的，是处于不受屈辱的地位的……再说一遍，任何一个国家、任何一项民主立法，为妇女做到的都不及苏维埃政权在它建立后的最初几个月所做到的一半。”②

列宁正是在继承马克思和恩格斯关于妇女和妇女解放在人类解放事业中的重要性的基础上，把妇女工作摆在了一个十分重要

①列宁全集（37）. 北京：人民出版社，1986：20.

②同上，第 191 页。

的地位。因此他强调“从一切解放运动的经验中可以看到，革命的成败取决于妇女参加解放运动的程度”，[①]大型的经济工作如果没有大批劳动妇女的参加，也是无法完成的，因此，“无产阶级如果不争得妇女的完全自由，就不能得到完全的自由”。[②]但是，列宁并不狭隘地把俄国无产阶级妇女的解放当作自己唯一的目的，他认为，世界范围的无产阶级劳动妇女都应该起来反抗私有制度和男权的统治。他在1921年3月4日《国际劳动妇女节》的讲话中就号召千百万的男女工人和男女农民摆脱资本的压迫，争取全世界的胜利。因此，列宁所发展了的马克思主义妇女观，不仅是完全俄国的，也是属于全世界争取妇女解放和男女平等的人们的宝贵财富。

妇女的解放事业不是一蹴而就的，也不仅仅是几个成文的法律就可以解决问题的。它具有阶段的暂时性和整个斗争的持续性的特点。“在我们苏维埃俄国，法律上的男女不平等连影子都没有了。在婚姻家庭上的特别下流、可耻、卑鄙的不平等，在对子女关系上的不平等，已经被苏维埃政权消灭干净了。这只是解放妇女的第一步……第二步，也是主要的一步，就是废除土地和工厂的私有制。这样，也只有这样，才能为妇女真正彻底的解放开辟道路，才能使细小的、个体的家务工作转变为大规模的公共经济，使妇女摆脱‘家庭的奴役’”。[③]这段话是何其深刻地揭示了妇女解放的阶段性问题。这里，列宁不是说通过废除土地和工厂私有制而实现妇女的彻底解放，而只是说为妇女的彻底解放开辟道路。由此看来，妇女解放的道路是漫长的，一个地区、一个

---

①列宁全集（35）．北京：人民出版社，1985：181.

②列宁全集（38）．北京：人民出版社，1986：171.

③列宁全集（32）．北京：人民出版社，1958：154.

国家的私有制度的消除并不能说就业已完成了妇女的解放事业、就业已达到了真正的男女平等。因为现代男权乃是一个经济、文化等多因素交织而成的东西。

经济上的解放，只能是一个首要的前提。这从列宁关于妇女参加资本主义社会生产劳动的论述中同样可以看出。一方面，他认为："现代资本主义的最高形式准备着新的家庭形式，并为妇女的地位和青年一代的教育准备新的条件。在现代社会里，女工和童工的使用，资本主义对父权制家庭的瓦解。"[①]另一方面，"现代资本主义社会包藏着大量不能一下就看到的贫穷和受压迫现象……这种家庭中的千百万妇女过着（或者更确切些说，痛苦地过着）'家庭女奴'的生活，为了用极少的钱使一家人吃上饭穿上衣，她们每天拼命地干活，处处'精打细算'，只是不吝惜自己的劳动。"[②]列宁认为，这种资本主义社会的妇女劳动，在妇女解放的过程中也具有一定的阶段必然性和积极的意义。这种积极的意义就是"有助于雇佣工和女奴隶了解自己的处境，回顾自己的'生活'，以便设法摆脱这种终生的贫穷困苦和卖淫的压迫，摆脱对穷人的种种侮辱。"[③]

资本主义的极端虚伪表现在一方面高呼"平等、自由、民主"的口号，另一方面又实行基于资产的不平等的阶级压迫和剥削。在资本主义制度下，"不管有什么样的民主，妇女始终是'家庭女奴'，是被关在卧室、育儿室和厨房里的女奴"。[④]资本主义国家尽管也颁布了种种解放妇女的法律，但妇女仍然是"家庭奴隶"，所以问题并不完全在于法律。苏维埃俄国的任务不仅仅是

①列宁全集（26）. 北京：人民出版社，1988：74.
②列宁全集（23）. 北京：人民出版社，1990：119.
③列宁全集（36）. 北京：人民出版社，1959：220.
④列宁全集（28）. 北京：人民出版社，1990：166.

要确立妇女在法律上的平等，而且要实现妇女在政治上、经济上、社会上的现实的男女平等。然而，妇女的解放事业并不能自发地完成。“被压迫阶级如果不努力学会掌握武器，获得武器，那它就只配被人当作奴隶使唤，”[①]“工人的解放应当是工人自己的事情，同样，女工的解放也应当是女工自己的事情。”[②]因此，无产阶级妇女要主动地投身于革命斗争、经济活动和一切有利于争取自由平等的社会活动中。

在要求妇女参与社会活动的同时，列宁不是个形而上学者，他从妇女自身的先天生理条件和俄国妇女的现状出发，一方面，吸收妇女参加公务、参加民兵、参加政治生活，认为“如果不使妇女走出使她们愚钝的家庭圈子和厨房圈子，那就不能保证真正的自由，甚至不能建立民主，更不用说建立社会主义了。”[③]另一方面，在《关于修改党纲的草案》中特别注明也要禁止对妇女身体有害的部门使用女工，“当然，（男女平等）这里指的并不是要使妇女的劳动生产率、劳动量、劳动时间和劳动条件等等与男子相等，而是要使妇女不再因经济地位与男子不同而受到压迫。”[④]可见，让妇女做一些仅仅适合男人做的工作而宣扬男女平等更是阴险毒辣的。

最后，关于生产力的发展和社会进步对妇女解放的影响。列宁首先肯定了资本主义机器生产为妇女走出厨房和家庭提供了条件，技术进步使企业在生产领域和流通领域大量使用妇女的劳动。同时，“家家户户有电力照明和电力取暖设备，就一定能使千百万‘家庭女奴’不再把一生中四分之三的时光消磨在乌烟瘴

---

①列宁全集（28）. 北京：人民出版社，1990：173.

②列宁全集（37）. 北京：人民出版社，1986：193.

③列宁全集（29）. 北京：人民出版社，1985：42.

④列宁全集（37）. 北京：人民出版社，1986：192.

气的厨房里。”[①]但是，在资本主义社会，女工在资本家看来只不过是较之男工更为廉价的劳动者，资本家让妇女走出家庭参加劳动，并没有减轻妇女身上的重压，反而加重了。一方面，妇女要受到资本家的残酷剥削，另一方面还要继续承担整个男权社会的压迫。所以，生产力的发展，在某些特定的阶段也是一面双刃剑。因而妇女的彻底解放，依然不能离开马克思和恩格斯早先分析的、对私有制的根除。

2. 斯大林把列宁关于俄国革命和建设过程中的马克思主义妇女观运用到苏联的社会主义建设中了。这是世界上首次将马克思主义妇女观在一个初步建成的社会主义国度加以实践和发展。

在苏联（俄国）任何一次运动都没有把妇女给遗忘，因为他们知道如果让占人口半数的妇女站在苏维埃建设和党的建设的大道旁边，这是不可思议的错误。斯大林在马克思主义妇女观的发展史上，其理论的创造并没有超越前人太多。但是，他把马克思主义妇女观贯彻下去了，至少这样努力了。我们先不要讨论集体农庄在苏联建设社会主义中的作用，而这一点无疑是重大的。就妇女在集体农庄中的地位而言，显然是高于以往俄国任何时代的妇女地位的。妇女靠工作日的多寡取得报酬，尽管这种报酬往往是象征性的，但是，她却不再受到丈夫或父亲的歧视与谩骂，因为妇女在整个劳动中独立起来了。斯大林非常重视在社会主义建设中发挥妇女的积极作用。但是，就斯大林个人而言，对马克思主义妇女观最大的贡献在于他对妇女教育问题的重视。

在以往的农奴制时代，俄国的劳动妇女本身的后天素质是不高的，她们受到庄园主阶级的剥削和压迫，觉悟很低，愚昧无知。斯大林看到，在一个一亿四千万人口的大国，至少占人口半数的

①列宁全集（23）. 北京：人民出版社，1990：94.

妇女的这种极其落后的面貌，在建设苏维埃的过程中明显是“绊脚石”。因此，建设强大的苏维埃政权，就有必要提高妇女的受教育水平。他认为，妇女受教育水平的提高，是真正战胜资产阶级的头等重要的大事。首先，女工们接受政治教育，就能够推动工业化的发展，而不是戕害这个事业；其次，农妇受到政治教育，就会推动发展和繁荣国家的农业；再次，女工和农妇政治素质和觉悟的提高就会使苏维埃和合作社得到巩固。特别是，斯大林以发展战略的眼光看到，女工和农妇的受教育对于青年一代的影响。他认为，妇女作为孩子的母亲，既可以教育出健康、积极的青年，也可以摧毁一代青年。[①]尽管在1917年《关于修改党纲的草案》里面，列宁就提出了“对未满十六岁的男女儿童一律实行免费的普遍义务综合技术教育（从理论上和实践上熟悉一切主要生产部门）”；[②]但斯大林同志对妇女教育的重视在共产主义运动史上却不能不说是空前的。

总之，马克思主义妇女观在苏联（或俄国）获得了它自身的理论发展；尤其是实践中的运用使马克思主义妇女观与苏联（或俄国）的具体国情相结合，开拓了马克思主义妇女观本土化的历程。十月革命一声炮响，给中国送来了马克思列宁主义。马克思主义妇女观开始在中国传播和发展。

①《马克思、恩格斯、列宁、斯大林论妇女》，第330-331页。

②列宁全集（24）．北京：人民出版社，1957：439.

第二节 马克思主义妇女观的中国化

一、马克思主义妇女观的传入和在中国的确立

1. 李大钊首先举起了马克思主义妇女观的旗帜。

在中国社会主义运动史上，李大钊无疑是最早举起马克思主义旗帜的伟大旗手。而他的妇女思想，不但继承了马列主义的既有思想；弥足珍贵的是，他在新文化运动时期就能够从本国的实际出发来阐述妇女解放理论，开马克思主义妇女观中国化之先河。在《现代的女权运动》一文中，他开篇就说到了妇女解放乃是时代的要求："二十世纪是被压迫阶级底解放时代，亦是妇女底解放时代；是妇女寻觅伊们自己的时代，亦是男子发现妇女底意义的时代。"①在《战后之妇人问题》中说："我们中国的女界，对于世界的妇人问题，有点兴趣没有，我可不敢武断。但是我狠（很）盼望我们中国不要长有这'半身不遂'的社会。我狠（很）盼望不要因为世界上有我们中国，就让这新世纪的世界文明仍然是'半身不遂'的文明。"②可见，李大钊对妇女问题是相当重视的。他的妇女思想，概括地讲有这么几个方面：一是妇女解放与民主的关系；二是男女互补的思想和对歧视妇女的批判；三是关于妇女解放的途径。

首先，妇女与 Democracy（民主）。1919 年 10 月 15 日，李大钊在《少年中国》第一卷第四期"妇女号"上发表题为《妇女解放与 Democracy》的文章，谈了他对于民主与妇女解放之关系

---

①李大钊全集（4）. 石家庄：河北教育出版社，1999：9.

②《李大钊全集》（第 3 卷），第 169-170 页。

的理解。他认为，“有了妇女解放，真正的Democracy才能实现。没有妇女解放的Democracy，断不是真正的Democracy。”[①]我们若要实现真正的民主，必须要求实现妇女的解放。因为一个社会里如果只有男子活动的机会，把妇女们关闭起来，排斥在社会生活之外；这是与民主精神相背离的专制主义的特征。现代欧美的民主之所以不能称之为真正的民主，其中之一，也是因为那里并没有实现妇女的解放，妇女被排除在“人民”之外。现代民主主义的精神，就是要任何一个生活在共同体的组织中的人都有均等的机会，包括政治上、经济上、社会上、教育上的一切权利。因而妇女的地位理应同男子一样。

其次，李大钊提出了男女互补的思想，并对对妇女的歧视进行了批判。他认为：“男子的气质，包含着专制的分子很多，全赖那半数妇女的平和、优美、慈爱的气质相与调剂，才能保住人类气质的自然均等。”[②]同样，建立真正民主的社会，也要依赖于妇女的平和、美爱的精神对男性专暴习气的感化。妇女的不忍的情感，完全可以弥补人类理性的不足。以前很多人都瞧不起妇女，认为她们的判断力弱，因此而取消她们参政的权利，李大钊认为这是荒谬的。尽管由于历史的原因，妇女关于社会一般的文教制度、法律习惯、妇女的现实的判断力似乎的确比男子要差些，但这不是妇女本性造成的。特别是，“关于妇人切身的问题，与其父兄夫友全不相干的问题，令他们(她们)也有自己发表意见的机会，难道不比由男子一手代办，把妇女当作一阶级排出政治之外妥当得多么？”[③]

再次，关于妇女解放的途径，李大钊有比较全面的认识。

---

①《李大钊全集》（第3卷），第348页。

②同上，第348页。

③同上，第166页。

他认为："妇女要达到伊们完全解放的目的，非组织一个世界的大联合不可。"[①]只有在一个正式的国际组织的联合下，才能集中妇女和其他民主人士的力量，战胜男权统治。同时，全世界的妇女，不论是哪个阶级，都要最终团结在劳动妇女的周围才能实现妇女地位的提高。而劳动妇女的运动，同时要与劳工男子的运动取得一致，而不是互为敌对，这才能最终战胜压迫阶级。特别是对于在军阀统治之下的中国，李大钊求真务实，一切从实际出发，认为必须团结和联合一切有着相似诉求的团体和流派，追求妇女解放道路上的大联合。他说："欲为民权的运动，无论哪种团体，都须联络一致，宗教的、母权的、女权的、无产阶级的妇女运动，可合而不可分，可聚而不可散，可通力合作而不可独立门户。"[②]只有这样，才能打倒军阀，澄清政治，实现妇女的解放。在思想的相互借鉴这点上，与斯大林比起来是要高明多了。斯大林曾说："同这个强大的劳动妇女的运动比较起来，资产阶级妇女知识分子的自由主义运动不过是一种为了消磨时光而臆想出来的儿戏。"[③]另外，李大钊对妇女参政问题、受教育问题、婚姻爱情问题都有很开明的见解。他还在《原人社会于文字书契上之唯物的反应》[④]一文中，从我国文字的结构上分析了妇女问题产生的根源，颇有新意。如，从"男"字"从田力，言男子力于田也"，"婦，服也。从女，持帚洒扫也"这些字的结构就说明造字之初男女分工导致了男女地位的优劣。

由此观之，李大钊对马克思主义妇女观的接受，从一开始就

---

①《李大钊全集》（第4卷），第9页。

②同上，第174页。

③《马克思、恩格斯、列宁、斯大林论妇女》，第327页。

④《李大钊全集》（第3卷），第573页。

不是教条主义的，而是实事求是的。这种精神和务实态度值得我们学习。1921 年中国共产党成立以后，我党就非常重视妇女问题的解决与妇女工作的实施。

2. 新中国成立前中国共产党的马克思主义妇女观在曲折中走向成熟。

中国共产党的第一个纲领（1921 年 7 月）在入党条件中就旗帜鲜明地表示："凡承认本党纲领和政策，并愿意成为忠实党员的人，经党一人介绍，不分性别、国籍，均可接收为党员，成为我们的同志。"①同年 11 月，中共中央局就"关于建立和发展党团工会组织及宣传工作等"的通告中，要求成立"女界联合会"。1922 年 7 月，党的"二大"通过了"关于妇女运动的决议"，这是我党第一个关于妇女工作和妇女解放问题的专门文件。决议痛陈了"自国际资本主义侵入中国以来，无产阶级的妇女渐渐降到工钱奴隶地位。他（她）们在不堪忍受的工作状况中作（做）十二小时以上的工作……对女工童工的待遇，简直惨无人道。""全国所有的妇女，还拘囚在封建的礼教束缚之中，过娼妓似的生活，至于得不着政治上经济上教育上的权利，乃是全国各阶级妇女的普遍境遇。"②

决议分析对比了资本主义制度下平等自由的虚伪和苏联妇女已经获得的解放，指出妇女们获得解放要在社会主义的社会才能完全实现。并明确了当时党的妇女工作的重点是三个：一是帮助妇女们获得普通选举权及一切政治上的权利与自由；二是保护女工和童工的权益；三是打破一切礼教习俗的束缚。这些关于妇女

①中央档案馆编．中共中央文献选集（1）．北京：中共中央党校出版社，1989：3.

②《中共中央文献选集》（第 1 册），第 87-88 页。

运动的内容，已经带有不少效仿苏联的痕迹。在这个文件中，还特别强调了中国共产党要尽快实现第三国际的决定。可见，作为共产国际的一个支部，党在妇女工作的初期，还是有点教条主义和不顾实际的嫌疑的。

就中国而言，当时最为受苦受难的、最为广泛的，当是广大农村的妇女。甚至连缠足、童养媳等都还大量存在。而党的第一个妇女问题的文件，对此只字未提，不能不说是当时知识分子的一个缺憾，1923 年 7 月的“妇女运动决议案”依然没有提及此等问题。1925 年 2 月“关于妇女运动之决议案”始提出“工农妇女运动”一词，但也没有就农妇的问题有任何专门的表达。1928 年 7 月 10 日中共六大的“妇女运动决议”是一个需要打上“着重号”的文件，它第一次明确提出“农妇受压迫最重……在乡村经济中，妇女之异乎寻常的困苦状况，过分劳动，在家庭习惯及社会风俗上，完全没有权利”。[①]随着农民运动的展开，妇女解放从此轰轰烈烈地开展起来了。

不难看出，在初期党的妇女观上，传习苏联的较多，过于强调中心城市的女工运动。而中国的女工占全国女性人口之比例，显然是不大的。但是，党从成立之初就有一个鲜明的工作作风，那就是，从来不把妇女问题作为单纯的“妇女问题”，而是把妇女问题放在整个革命事业当中去。在初期发动工人运动的时候，组织女工罢工、游行、示威；在早期的农民运动中，发动农妇开展农民运动；抗日战争、解放战争等时期同样如此，后来的社会主义建设也是这样，这里就不多说了。正如 1931 年 12 月 19 日，“中央关于扩大劳动妇女斗争决议案”中说的：“妇女工作是全

①中共中央文献选集（4）. 北京：中共中央党校出版社，1989：437.

部工作不可分离的一部分。”[①]

而党的妇女观开始成熟的标志，应该是抗日战争时期中共中央于1939年2月20日作出的“关于开展妇女工作的决定”和1940年2月1日“中共中央为三八节工作给各级党部的指示”，[②]以及1941年1月5日“中共中央为三八节工作给各级党委的指示”。[③]这些文件之所以具有标志性的意义，在于以下几个方面的成就：首先，对以往的妇女运动和妇女观的实践有了实事求是的自我批评与总结。其次，提出“相信妇女自己的力量”。再次，与以往的宣传鼓动不完全一致的是采取树立典型模范、鼓励妇女参政、生产，以其唤起妇女内心的完全觉醒。第四，切实关心妇女的利益，动员妇女参加生产，关心妇女生活痛苦，注意保护母亲儿童，动员妇女参加政权工作，还要避免妇女遭到反革命的摧残（这一点是尤为人道的）。第五，将妇女工作纳入经常的议事日程和工作计划之内，而不是运动来了就想到妇女，运动结束就偃旗息鼓。第六，明确提出了由共产党“包办”妇女团体和妇女工作是失策的行为。第七，首次肯定了各年龄阶段、各个阶层的妇女都是妇女工作的主体和对象，而不能仅仅限于青年妇女、工农妇女。最后，提高妇女的受教育水平。一改以往只是向妇女灌输革命思想的习惯，而传授新文字，办识字班，办各级妇女学校等，全面提高妇女素质。所有这些，都说明我们党的妇女观开始成熟起来了。只有真正站在彻底解放妇女之立场的妇女观，才是科学的妇女观。新中国成后，我党的马克思主义妇女观得到了新的发展。

---

①中共中央文献选集（7）. 北京：中共中央党校出版社，1991：552.

②中共中央文献选集（12）. 北京：中共中央党校出版社，1991：270.

③中共中央文献选集（13）. 北京：中共中央党校出版社，1991：27、38.

二、社会主义建设时期党的妇女观的发展

1949年10月1日，伟大的中华人民共和国诞生了。从此，中国人民摆脱了三座大山的压迫；在社会主义建设过程中，妇女成为“半边天”，从此不再受到政权、族权、神权和夫权[①]的压迫，翻身做了主人。然而，妇女解放是一个永无止境的过程，不可能一蹴而就，权利的不断发展，新的利益诉求的追加，妇女自身素质的全面发展，这些都是永恒的动态前进过程。因此，党和国家领导人与时俱进，继承和发展了中国特色社会主义的马克思主义妇女观。实践在发展，理论也要求不断创新。作为指导妇女解放实践的马克思主义妇女观，它内在地要求我们不断开创马克思主义妇女观的新境界。

伟大领袖毛泽东开创了中国历史的新纪元。他所建立的一大二公的社会主义，真正实现了男女两性的平等。妇女同男人一样参加劳动，挣得“工分”，获取劳动报酬，而其他没有劳动能力的，一般都是平均分配的办法。正如马克思和恩格斯所说的，消灭了私有制，才能彻底实现妇女的解放。但在毛主席的时代，新中国成立前的中国饱受帝国主义、封建主义和官僚资本主义的重重盘剥，旧中国积贫积弱。建立在这样一个一穷二白的基础上的新中国，尽管实行公有制，集中一切力量建设社会主义的国家，但我国的生产力水平依然是相当落后的。这与马克思和恩格斯所提出的消灭私有制的理论前提相去甚远，马克思和恩格斯所设想的建立公有制度、消除私有制度和私有财产的前提是生产力高度发达，社会产品极度丰富，是从资本主义高级阶段直接过渡而来的社会。

①毛泽东在《湖南农民运动考察报告》中说，代表全部封建宗法思想和制度的政权、族权、神权和夫权是套在套在旧社会妇女身上的四条绳索．见《毛泽东选集》（第1卷），人民出版社，1991年版第31页。

而在一个半殖民地半封建社会的基础上建立起来的新中国，不具有这样的条件，它直接跨过了资本主义充分发展的阶段而进入社会主义社会。

因此，虽然说新中国成立后，毛主席等党和国家的领导人极力地为实现人民的富裕、国家的富强而鞠躬尽瘁；为实现人民的民主、妇女的解放而殚精竭虑。但是，在政治上、经济上、教育上、社会上业已完全取得与男子平等权利的妇女同胞，依然不能说获得了彻底的解放。因为那时候的妇女在自身心理和身体的发展方面，在知识和技能的提升方面都受到限制；在劳动方面缺乏自由，劳动还只是谋生的手段，是一种为着生计而强加于妇女身上的活动；在实际的社会生活（特别是广大比较封闭的农村）方面的地位依然不高，重男轻女的思想在一定程度上还比较严重，如此等等。这说明，完全公有制度下的社会主义中国，妇女获得了前所未有的解放与自由，但并不是说已经获得了彻底的解放，要实现妇女全面自由的发展，还必须努力提高我国的生产力水平。只有物质财富极度丰富，劳动产品可以在各尽所能的基础上按需分配的社会，劳动成为一种自由自觉的活动，成为人的第一需要，这样的社会才会真正彻底的实现妇女的解放。这样看来，妇女的彻底解放与人类的整个解放是完全一致的同步过程。

我国现阶段正在进行的社会主义市场经济建设，就是要努力提高我国的生产力水平，为最终实现共产主义做准备。但是，十一届三中全会开始改革开放以后，公有制逐渐从唯一的所有制形式变成主要形式，社会主义引入竞争机制，生产力固然是取得了长足的发展，但是社会不公的现象就显得比较突出了。在机会均等面纱下面的市场竞争，使得很多妇女得不到应有的权益。男女平等成为新时期我们亟待解决的问题。第五章会重点论述这个问题的表现以及解决方案的设想。

这里，还是先就马克思主义妇女观本身的发展来谈谈新中国在现代化过程中对马克思主义妇女理论的创造性运用和贡献。

1. 新中国第一代中央领导集体的马克思主义妇女观。

伟大领袖毛主席曾经形象地指出："社会主义建设中，要充分发动妇女，好比一个人有两只手，缺少一只不行，缺少了妇女的力量是不行的，两只手都要运用起来。"[①]妇女的力量是很大的，毛泽东认为妇女是决定革命胜败的一个重要因素。康克清在《毛主席率领我们走妇女彻底解放的道路》[②]一文中，对以毛泽东同志为代表的新中国我党第一代领导集体的妇女观有明确的表达。除了上面所说的，妇女是决定革命胜败的一个力量，另外还包括这么几个方面：第一是只有阶级的胜利，妇女才能得到真正的解放。妇女压迫的根源是生产资料私有制和剥削阶级的压迫，不推翻三座大山（帝国主义、封建主义、官僚资本主义），砍断四条绳索（政权、族权、神权、夫权），不消灭一切剥削阶级、铲除私有制，劳动妇女就不能彻底解放。第二是把妇女视为一种伟大的人力资源。毛主席说："时代不同了，男女都一样。男同志能办到的事情，女同志也能办到。"[③]第三是应该抓妇女群众的切身利益问题。毛主席对妇女婚姻问题、同工同酬、禁止缠足、产假等问题，不但作了调查研究，还提出了解决的办法。

正如前面提到的，抗日战争时期，我党的妇女观逐渐走向成熟；经过解放战争的不断总结和反思，我党的妇女观在新中国成立之初就已经在实践中取得了不小的成绩。在解放战争即将结束的 1948 年 12 月 20 日，中国共产党中央委员会《关于目前解放

①《中国妇女运动重要文献》，第 229 页。
②同上，第 228 页。
③同上，第 236 页。

区农村妇女工作的决定》具体总结了我党在抗日战争和解放战争中妇女工作的成就和不足。重申妇女成为家庭和社会财富的创造者乃是充分实现男女平等的强固基础；妇女参加劳动，不仅是妇女解放的基本关键，无论为着支援战争，还是将来社会主义的胜利，妇女劳动都是极其需要而不能缺少的。

在解放区，我们要时刻保持同旧的封建习俗作斗争，但是，这种反对压迫妇女的斗争已经是人民内部的思想斗争。[①]1949年3月26日，这时解放战争已经接近尾声，也迎来了我国妇女解放史上的盛会：中国妇女第一次全国代表大会正式召开。邓颖超在会上作了工作报告。报告充分肯定了无产阶级妇女在反帝反封建的民主革命中所做的伟大贡献，形势把无产阶级妇女逼上了革命的道路，同时，革命又锻炼了无产阶级妇女同胞。在战争、生产、教育文化、医疗卫生等方面，我们的妇女同志为新中国的建立立下了不朽功勋。特别是，大会认为："一切妇女工作要根据具体环境和妇女群众觉悟程度去进行工作，克服主观、强迫、形式作风的残余。"[②]这种求真务实的态度，把妇女运动提高到了新的水平，使全国的妇女同胞满腔热情地迎接新中国的到来。就是在这种精神的指引下，大会通过了一个适合当时国情的决议——《中国妇女运动当前任务的决议》。[③]这个决议开始认识到了时下的任务应该在不忽视乡村妇女工作的前提下，逐渐以城市妇女运动为重心，以夺取最后的胜利；指出了在促进妇女参加生产的同时要进一步改善妇女的生活；并有区别地制定了老解放区、新解放区、国统区的妇女政策。

①《中国妇女运动重要文献》，第15-17页。

②同上，第39页。

③同上，第41页。

第一届全国妇女大会以城乡劳动妇女为基础，以妇女解放和全中国解放为己任，具有深远的历史意义。1949 年 9 月 29 日，具有临时宪法意义的《中国人民政治协商会议共同纲领》（简称《共同纲领》）颁布，在这个完全无产阶级的纲领中（第六条）开宗明义地提出：中华人民共和国废除束缚妇女的封建制度。妇女在政治的、经济的、文化教育的、社会的生活各方面，均有与男子平等的权利。实行男女婚姻自由。[①]有史以来，中国妇女终于在全国范围内实现了法律上的男女平等！举国上下，一片欢腾。

在《共同纲领》之后，我国妇女开始投入到热火朝天的新中国建设当中。1950 年 4 月 13 日，中央人民政府委员会第七次会议通过了《中华人民共和国婚姻法》第一条即明确宣布："废除包办强迫、男尊女卑、漠视子女利益的封建主义婚姻制度。实行男女婚姻自由、一夫一妻、男女权利平等、保护妇女和子女合法利益的新民主主义婚姻制度。"[②]新婚姻法使广大妇女从不合理婚姻的束缚和压迫之下解放出来，打碎了几千年来封建婚姻制度强加于妇女的枷锁，推翻了旧社会以男子为中心的"夫权"统治，使中国妇女的生活和妇女解放事业有了新的内容和发展，有利于全国人民的解放和社会的进步。以至于当时的一些还没有完全觉悟的男人发出这样的感叹：婚姻法是妇女法，是女人压迫男人的。当然，这都是封建思想残余在作祟。有了这个法律，妇女就能从家庭的压迫中获得人格尊严的独立，虐待妇女的现象明显减少，因婚姻不自由而自杀的现象也明显减少。

婚姻自由为男女建立一种新型社会主义和谐家庭关系创造了条件。婚姻将会建立在爱情的基础之上，至少前提已经这样具备

---

①《中国妇女运动重要文献》，第 177 页。

②同上，第 199 页。

了。1951年2月26日政务院又公布了《中华人民共和国劳动保险条例》，对女工人和女职员给予了特殊的劳动保护。1953年2月11日通过的选举法又规定“妇女有与男子同等的选举权和被选举权。”[①] 1954年9月12日，中华人民共和国第一届全国人民代表大会第一次会议通过了新中国的第一部正式的宪法。宪法第九十六条规定: 中华人民共和国妇女在政治的、经济的、文化的、社会的和家庭的生活各方面享有同男子平等的权利。婚姻、家庭、母亲和儿童受国家保护。[②]在此后的历次修改中，男女平等都被写入宪法。作为国家的最高法律，宪法确定了妇女权利的不可侵犯性。

新中国马克思主义妇女观的发展和进步是显而易见的。首先，认识到占人口半数的妇女的思想和认识，不仅支配着妇女自己的行动，而且还影响到整个家庭，[③]因此必须对妇女进行改造。使妇女在改造客观世界的同时改造主观世界，以更好的实现国家的强盛和妇女自身的发展和彻底解放。其次，认识到妇女的解放乃是一个逐步的过程，只有社会主义建设的胜利发展和社会主义的最后建成，全国人民才能逐渐地摆脱目前的贫困、落后状态，才能逐步地获得物质和文化生活的改善，妇女和儿童，才有更美好、更幸福的未来。[④]妇女解放不是一个独立的解放过程，而是整个社会发展的一个要素。再次，一个十分进步的观念就是不再认为妇女一定要摆脱家务劳动。1953年4月的第二次全国妇女代表大会指出，轻视农村妇女的家务劳动的观点是错误的。不顾妇女沉重的家务劳动单纯强调妇女下地的做法是不对的，应纠正。[①]尤

①《中国妇女运动重要文献》，第184页。

②同上，第185页。

③同上，第121页。

④同上，第117页。

其是，1957 年 9 月 9 日，章蕴在第三次全国妇女代表大会的工作报告中明确指出："在社会主义社会里，家务劳动有了更大的社会意义，成为社会主义建设的劳动中不可缺少的一部分，家务劳动和社会劳动一样，都是光荣的劳动。因此在今天社会里，母亲们、主妇们受到了前所未有的尊重。……目前确有些人是轻视家务劳动的，不愿从事家务劳动，这种错误的看法，正是剥削阶级轻视劳动、轻视妇女、抹杀成千成万妇女辛勤劳动的成果的一种错误思想。"[②]我们党很早就看到了妇女在家务劳动与传统意义上的社会劳动和学习上的矛盾冲突。提出了家务劳动也具有社会意义，可以说是高瞻远瞩的，是对恩格斯家务劳动理论的创造性发展。恩格斯认为要获得妇女解放的前提之一就是妇女完全摆脱家务劳动，而我党从实际出发，并不照抄照搬，显示了我党制定方针政策的独立性，也是我党政治上成熟的表现之一。第四是关注妇女的特殊利益，关切妇女的特殊情况。生育、保健、卫生、劳动、教育等方面应当予妇女以特殊的关切；在实际工作中关心妇女生活、关注妇女呼声、关怀妇女需要、保护妇女利益。"发动妇女参加生产和保护妇女劳动力，是一件工作的两个方面，相互联系，不能偏废。要特别注意对月经期、怀孕期、产期、哺乳期的保护工作。"[③]第五是对少数民族妇女的解放，要灵活多样，既要尊重民族习惯，又要促进民族地区妇女的解放事业；不要一味地模仿汉族的解放方式。最后是要加强同世界各国妇女的大联合。"全世界人民的正义斗争都是互相支持的，妇女解放事业也是互相支持的。"[①]

①《中国妇女运动重要文献》，第 87、101 页。

②同上，第 125 页。

③同上，第 149 页。

总之，正如毛泽东同志诗中所言的：“妇女解放，异军突起；两万万众，奋发为雄。男女并驾，如日方东；以此制敌，何敌不倾？”（1936 年 6 月 1 日题《中国妇女》之出版）[②]正是因为党把马克思主义妇女观与中国实际相结合，实现了马克思主义妇女观的中国化，才指引中国妇女走上了解放的康庄大道；反过来，也正是因为妇女的不断觉醒和解放，中国的社会主义道路才得以顺利开辟和逐渐巩固。

2. 改革开放后，马克思主义妇女观在新形势下的发展与总结。

“文化大革命”以后，邓小平同志高举毛泽东思想伟大旗帜，坚持实事求是的方针，认为，“按照历史唯物主义的观点来讲，正确的政治领导的成果，归根结底要表现在社会生产力的发展上，人民物质文化生活的改善上。”[③]如果坚持“两个凡是”，不但不是真正坚持毛泽东思想，而是损害了毛泽东思想，因为毛泽东思想的精髓就是实事求是。“由于受林彪、‘四人帮’的干扰，我们国家的发展耽误了十年……同发达国家比较，经济上的差距不只是十年了，可能是二十年、三十年，有的方面甚至可能是五十年。”[④]在这样的情况下，我们如果继续坚持以阶级斗争为纲，则很可能会葬送党的社会主义事业。因此邓小平提出了要为实现四个现代化而不断奋斗，在自力更生的基础上向西方学习。

1978 年 12 月 13 日，邓小平作了《解放思想，实事求是，团结一致向前看》的重要讲话，指出，“只有思想解放了，我们才能正确地以马列主义、毛泽东思想为指导，解决过去遗留的问题，

---

①《中国妇女运动重要文献》，第 159 页。

②胡国强．毛泽东诗词疏证（修订版）．重庆：西南师范大学出版社，1996：393.

③邓小平文选（2）．北京：人民出版社，1994：128.

④同上，第 132 页。

解决新出现的一系列问题，正确地改革同生产力迅速发展不相适应的生产关系和上层建筑，根据我国的实际情况，确定实现四个现代化的具体道路、方针、方法和措施。”[①]随即召开的十一届三中全会确立了改革开放的政策。从此，新中国又一轮探索建设中国特色社会主义的伟大实践开始轰轰烈烈的进行了。与党的基本方针、路线相一致的妇女运动也有了新的内容。

康克清女士1978年9月9日在第四次全国妇女代表大会上作了题为《新时期中国妇女运动的崇高任务》的工作报告，提出了“四个现代化需要妇女，妇女需要四个现代化”[②]的号召。认为实现四个现代化，是建成社会主义强国、通向共产主义的必由之路，也是妇女彻底解放的金光大道。1980年，七十六个国家签署了《消除对妇女一切形式歧视公约》，我国也是缔约国。由于“文化大革命”对生产的破坏，在改革开放之初，妇女就业成为一个十分严重的问题。各条战线、各个部门的妇女工作者大大减少。为此，全国妇联多次提请中央加大力度培养重用妇女人才、妇女干部。认为妇女就业既是一个经济问题，也是一个社会问题。“从经济上看，妇女是一个伟大的人力资源，只要安排得当，使之和生产工具、生产资料结合起来，就能产生强大的生产力。我们搞四个现代化建设，离不开妇女劳动力，必须充分加以利用。男女劳动力各有各的优势……如果妇女得不到就业，经济上就不可能独立，政治上也就不可能解放。”[③]

1982年5月17日，习仲勋在全国妇联第四届执行委员会第四次扩大会议上指出，广大妇女在建设社会主义物质文明和精神

---

①《邓小平文选》（第2卷），第141页。

②《中国妇女运动重要文献》，第160页。

③全国妇联编．“四大”以来妇女运动文选．北京：中国妇女出版社，1983：92.

文明中发挥了“半边天”的作用，她们的聪明才智正在得到很好的发挥。今后还要积极培养、选拔妇女干部，特别是要把年富力强、有社会主义觉悟、有专业知识的妇女干部提拔到各级领导岗位上来。妇女中大有人才，有不少巾帼英雄。[①]妇女要在四个现代化的建设中发挥“半边天”的作用。十一届三中全会和五届人大二次会议决定把全党、全国工作的着重点转移到社会主义建设上来，要在新的长征中打好国民经济调整、改革、整顿、提高的第一个战役。中国妇女是一支伟大的革命和建设力量，要充分发挥这个力量，为四化作出更大的贡献。而妇女要在现代化建设中承担起这样的使命，就必须把自己锻炼成又红又专的人才。妇女同胞“要树雄心，立壮志，刻苦地学习文化科学知识，发愤图强钻四化；努力使自己成为精通本行业务的专家、大搞技术革新的能手。”[②]

同时，由于经济政策的逐渐放开，一些不良社会现象也跟着出现，这样的背景下，在妇女同志中开展“五讲四美”（即：讲文明、讲礼貌、讲卫生、讲秩序、讲道德；心灵美、语言美、行为美、环境美）活动，坚持两个文明一起抓，把培养广大妇女成为有理想、有道德、有文化、有纪律的一代新型妇女。实行生产责任制以后，我国农村妇女的地位有了进一步的提高，劳动积极性也增强了，同时还在一定程度上解决了家务劳动和生产劳动的矛盾，农妇不必束缚在大田里，而可以自由地安排自己的劳动。同时，对新出现的家庭婚姻问题，罗琼在1982年1月18日的家庭问题座谈会上指出，“对那种喜新厌旧，随意遗弃对方，遗弃子女，或充当第三者破坏别人家庭的不到的行为，舆论应该严加谴责。”[①]同时，对一些婚姻道德、情操高尚的人，予以表扬，以匡扶正气。

---

①《“四大”以来妇女运动文选》，第54-56页。

②同上，第69页。

我国实行改革开放以后，妇女解放的道路上仍有两个极大的障碍：一是封建思想残余，二是西方的“性解放”思想。我国有几千年的封建历史，封建主义的伦理道德、礼教习俗，形成了一套完整的体系，渗透到社会生活的各个领域。地主阶级和封建制度尽管已经消灭了，但封建的意识形态残余并未消灭。这种封建残余思想，危害着妇女的身心健康和社会主义的精神文明建设。另外就是随着改革开放的深入，西方的性解放的资产阶级腐朽思想蔓延到新中国的机体里，被一部分人错误地视为人性自由解放的要素。因此在爱情婚姻中出现了很多不负责任的“杯水主义”现象。这个问题在年轻人中比较突出，影响较为恶劣，严重地损害了妇女群众的利益。新世纪新阶段，我国妇女迎来了中华崛起的重要战略机遇期，在国家经济、政治、文化、生态等各个建设领域大展身手。涌现出了一大批自尊、自信、自立、自强的时代女性。

在1990年3月7日的三八国际劳动妇女节80周年纪念大会上，江泽民同志回顾了我国妇女的解放历程，指出“妇女要解放，男女要平等，已经成为国际社会不可逆转的历史潮流”。[②]中国共产党用以指导妇女运动的理论，是马克思主义基本原理及其妇女观。在这个讲话中，江泽民同志首次对马克思主义妇女观作了科学地概括和总结。马克思主义妇女观的科学涵义是：“马克思主义妇女观，是运用辩证唯物主义和历史唯物主义的世界观、方法论，对妇女社会地位的演变、妇女的社会作用、妇女的社会权利和妇女争取解放的途径等基本问题作出的科学分析和概括。”

---

①《“四大”以来妇女运动文选》，第150页。

②江泽民文选（1）. 北京：人民出版社，2006：105.

这种妇女观，是马克思主义理论体系的重要组成部分。它的主要内容有：第一，妇女被压迫是人类历史发展的一定阶段上的社会现象。是私有制和阶级对立的产物。第二，妇女解放的程度是衡量普遍解放的天然尺度。妇女解放必须伴随着全体被压迫、被剥削人民的社会解放而得到实现。第三，参加社会劳动是妇女解放的一个重要先决条件。第四，妇女解放是一个长期的历史过程。由法律上的男女平等到事实上的男女平等，任务仍然十分艰巨。第五，妇女在创造人类文明、推动社会发展中具有伟大的作用。尊重妇女，保护妇女，是社会进步的一个重要标志，是文明社会应有的法律规范和道德风尚。江泽民同志对马克思主义妇女观所作的定义和在内容上的抽象概括，在马克思主义妇女思想史上具有里程碑式的意义。

1995 年世界妇女大会在北京举行，这是对我国妇女解放事业所取得的成果的肯定。我国政府始终把维护妇女权益、促进妇女发展作为义不容辞的责任。自 1995 年制定《中国妇女发展纲要（1995–2000）》之后，又制定了《中国妇女发展纲要（2001–2010）》，对妇女在经济、政治、教育、健康、家庭生活等领域的权益作了细致的规划。正如胡锦涛同志 1999 年 3 月 7 日在纪念三八国际劳动妇女节 89 周年暨中华全国妇女联合会成立 50 周年大会上的讲话中所讲的："中国妇女占世界妇女总数的近四分之一。中国妇女运动的发展，对全球妇女事业乃至整个人类的进步都有着重大的影响。"[①]因此，我们要一如既往地贯彻男女平等的基本国策，为妇女发展进步创造良好的社会环境。"社会主义和马克思主义在中国大地上焕发出勃勃生机，给人民带来了更

---

① 新华网 http://news.xinhuanet.com/ziliao/2003-08/29/content_1053540.htm

多福祉”。[1]在马克思主义妇女观的科学指引下，我们的妇女解放事业将会取得更加丰硕的成果，男女两性将在现代化建设中实现完美、和谐的关系。

①胡锦涛《高举中国特色社会主义伟大旗帜，为夺取全面建设小康社会新胜利而奋斗——在中国共产党第十七次代表大会上的报告》，第10页。

附　论：

目前我国妇女观及其实践中存在的问题

社会主义在建设过程中经历了不少的波澜曲折，但历史从来没有抛弃共产党的坚强领导。事实上，马克思主义在中国所取得的巨大成就已经令世人瞩目，而其蓬勃的发展势头，更是让那些“历史终结论”者狂躁不安，当国际共产主义运动出现前所未有的挫折的时候，资产阶级学者（如福山等）激动得几乎血管崩溃。然而，这些年中国改革开放的持续推进，有力地说明了，社会主义不但能够救中国，而且能够发展中国。改革进入深水区的时候，也是各种困难凸显的时期。在妇女问题上，马克思主义妇女观显然已经被西方女性主义的强大声势所掩盖，此其一；其二，尽管与同样具有东亚封建传统的日韩国家相比，中国妇女在生产、生活、学习等各个领域都获得了空前的解放和发展。但是，在劳动就业、薪酬、晋升、家庭关系、社会地位、创业机会、竞争环境等方面，依然存在许多歧视妇女的现象，家庭暴力、社会暴力、文化暴力是压在现代妇女身上的三重暴力侵害。如果说家庭暴力可以通过立法来加以限制，社会暴力可以通过秩序建设加以改善的话，文化暴力则是妇女面临的最为深沉的、持久的暴力压迫。文化暴力以其无形、无色、无味而成为破坏男女两性和谐的“销魂蚀骨散”。

马克思主义妇女观建设在目前的停顿状态主要根源就在于这样两个方面：对西方女性主义的过于崇拜和对文化暴力的隐忍。西方女性主义是中产阶级妇女争取权利的一些思潮的统称，它本身并非一个独立的学术流派或社会组织。在种种女性主义的口号下，争取妇女权利的呼声自启蒙时代以来就一直没有停止过。可以肯定地说，女性主义（或称女权主义）的确在妇女解放的事业中作出了不朽的贡献，然而，女性主义的立场同样是站在两性对立的基础之上的，亦即试图把过去男尊女卑的性别结构颠倒过来——不能不说，这样的思想潮流，与两性和谐的需要是有很大的距离的。无论生态女性主义还是后现代女性主义，也没能改变这种在构造女性“气场”上的得意忘形。

女性主义的马克思主义或者马克思主义的女性主义是一种在女性主义和马克思主义之间寻找调和点的思想流派，既被当作西方马克思主义的重要理论流派，也被视为女性主义的一支重要力量，然而，它与马克思主义的革命本质同样相去甚远。马克思主义妇女观立足于人的自由全面发展，它并不在男女两性上划出明显的社会界限，然而它尊重男女在生理、心理上的差异。它着眼于未来共产主义社会中人的自由和谐，然而不耽于幻想，强调在实践中人的解放没有妇女的酵素是不可能的，文明程度与妇女解放程度成正比。

胡锦涛同志曾在2010年纪念三八妇女节100周年大会上讲话指出：“没有妇女的解放，就没有全人类的解放；没有妇女事业的进步，就没有全社会的进步。”在私人领域，认为在两性关系中最能体现一个人的文明素养。在本质上，只有马克思主义妇女观才能真正发展妇女事业。诚然，我们不能否定有些女性主义思想家，或者她们的某些思想，在妇女解放事业的发展中具有重要的借鉴意义，而女性主义的某些实践亦客观上促进了妇女解放思潮的兴起。然而，与马克思主义相比，最为根本的差异在于她们对私有制度的默认，从而导致对男女不平等的根源无法清除，最终只能在温和的改良主义道路上苟延残喘。尤其是那种激进女性主义的思潮，把女性不断推向了男性的对立面。

目前，进一步的苦难，是对男权采取的文化暴力的隐忍——无论是理论上还是实践上。“文化暴力”简单地讲就是人们在某种强势文化面前丧失了选择的意识和自由。首先是文化选择意识的丧失，文化暴力并不采取“消灭肉体”的法西斯主义，也不需要强制执行一些教化规约，而是人们生活在特定文化“氛围”当中而不得不在这种环境中寻求认同，以此获得归属感和承认。文化选择意识的丧失，就是指在这特定文化共同体中生活的人，对其文化的缺陷视而不见、习以为常。文化选择意识的丧失是大部分人的生存状态，而文化选择自由权利的缺场指的是现存文化会为违背这种文化结构的人施加舆论影响和道德制裁。

人们一旦背离了旧文化，就会受到旧文化体系的“护卫们”的劝诫、规训、羞辱，试图使之成为唯一合理的、“正常”的行动。文化暴力由于其隐秘性而为人们所忽视。妇女“被”解放导致的社会问题不能引起人们的重视。男权思想浸淫的社会，采取武断的方式“设计”种种妇女解放和发展的路径、方案。妇女需要什么样的生活、什么样的生产、什么样的学习、什么样的环境？这些问题并非出自妇女调查而得出的结论，相反，妇女在新的时代背景下，被某些内心猥琐的人，在大众传媒上不断制造臆想的“贤妻良母”、“职场女性”、“女强人”、“受损者”的形象，以供他们意淫和宣泄。因而，妇女不是天生的，而是被建构的。占统治地位的文化形态始终承担着构建当代妇女形象的“神圣使命”，他们罔顾妇女自身的意愿，而任意对妇女的“经典”、“时尚”加以指责；或者，他们通过各种舆论而使妇女“心甘情愿”地把自身塑造成为男权制度的某种期望。马克思主义妇女观要在实践发展中不断汲取新鲜材料，解决新问题、塑造新形象、开创新境界。

马克思主义妇女观的发展是与实践生活的发展一致的，它并不对女性主义怀抱敌意，然而它在两性和谐的未来愿景上显示的高姿态和高水准，足以让一切信奉两性和谐是社会和谐之基石的人们景仰。时下，扬弃女性主义思潮，对文化暴力现象进行深层抵制和破坏，正是马克思主义妇女观的当务之急。

2011 年 11 月 27 日，温家宝在第五次全国妇女儿童工作会议上的讲话是意味深长的："在一个家庭中，妇女身兼慈母、孝女、贤妻等多重角色，承担着孕育生命、携幼扶老、勤俭持家的重大责任，是家庭和美、邻里和睦、传承美德的坚固磐石。妇女给家庭带来了光明，她们应该得到尊重。在一个社会里，妇女又是劳动者和建设者，巾帼不让须眉，妇女能顶半边天，在经济发展、改善民生、推动文明进步方面发挥着不可或缺的重要作用。没有妇女的积极作用，就不可能有伟大的社会变革。"可见，妇女在职场和家庭生活中需要承担的责任是巨大的，她们为社会的稳步发展和两性和谐所作出的贡献是无可替代的。西方女性主义在妇女解放的道路上曾经起过非常革命的作用，但是，随着现代性的发育，西方女性主义的中产阶级利益诉求的表征就更加明显，他们对妇女解放的要义并没有准确地把握，大部分女性主义者试图把错乱的男女关系颠倒过来，或者无意识中接受了男权思想，只是他们把这种男权思想"推广"到妇女而已。

而文化暴力的隐性化，使得妇女和男人一同接受着潜移默化的归摄，把男权体制下的各种臆想变成一种约定俗成的偏见，而人们在这种偏见中不能觉察到男权文化的野蛮统治。由此，在两个方面导致了妇女解放事业的退化：在家庭生活中，家务劳动再次被清理出社会劳动的系统，家务劳动成为一种受到鄙夷和轻视的劳动，把男人参加家务劳动作为妇女在家庭生活中得到尊重的衡量标准，这就反映了"家务劳动"作为"自愿卑贱"的隐喻以新的形式出现在了当代社会；在社会生活中，妇女的成长被"规范"为特定的职业领域，并且她们的成功程度被量化为资本（物质财富）的占有量。

所有这些历史的倒退现象，只有在“去资本化”的过程中，在对男权文化的彻底解构的过程中，才能得到遏制，从而返回到马克思主义妇女观的应然之境，发展马克思主义妇女解放理论和实践的“革命性”方面。总而言之，新中国成立以来，我国马克思主义妇女观的发展成就是举世瞩目的，而它当下所面临的挑战也是艰巨的。

第三章　现代女性主义妇女观概论

康克清女士说："古今中外，不论哪个国家，哪个民族的发展和进步，都是在充分发扬各自优势的基础上，同时吸收其他国家、其他民族的长处而取得成功的。"[①]在十七大报告中，胡锦涛同志说，要"主动做好意识形态工作，既尊重差异、包容多样，又有力抵制各种错误和腐朽思想的影响"。[②]当今世界，各种思想文化相互交融激荡，如果没有坚定的立场，如果没有对各种思潮的清醒的认识，我们的思想就会被动摇，意志就会被削弱。早在新文化运动之前，就有一些人试图利用西方的女性主义思想拯救旧中国处于水深火热之中的妇女大众，资产阶级知识女性满怀救国救民的赤胆忠心，也付出了艰辛的努力。但是，随着资本主义领导的旧民主主义革命的失败，女性主义在中国的实践也就宣告结束了。

近些年来，女性主义在西方有了很大的发展，中国文化界似

---

①中华全国妇联编．蔡畅、邓颖超、康克清妇女解放问题文选．北京：人民出版社，1983：489.

②《高举中国特色社会主义伟大旗帜，为夺取全面建设小康社会新胜利而奋斗——在中国共产党第十七次代表大会上的报告》，第 34 页。

乎对女性主义颇感兴致，以至于使女性主义家喻户晓。而我们在提到女性主义或者女权主义的时候，反应却是各不相同的。有的人会以女性化主义者自诩，而有些人则拒绝承认自己是女性主义者；有些人把一切妇女解放的理论都称之为女性/女权主义，有些人则把激进女性主义的个别观点当作女性主义；有些人以为女性主义是一个专门的流派，有些人则对女性主义的主张到底是什么感到迷茫。如此等等。

然而，在生活中，在学术界，女性主义到底还是弥漫到了各个角落。什么是女性主义？它的简单的发展历程和基本主张是什么？社会主义现代化过程中的马克思主义妇女观到底是要全盘吸收，甚至蜕变成女性主义呢？还是应坚持自己的独立主张，抑或完全抵制女性主义的一切思想？因此，对女性主义进行比较清晰明了的说明，在当下似乎并不是多余的。只有认识了女性主义的本质，我们才有底气品头论足，斟酌取舍。

第一节　女性主义及其发展

一、女性主义概念

14 世纪到 18 世纪，欧洲社会出现了生产力的飞跃发展和资本主义萌芽的曙光。伴随而来的是进步的资产阶级思想家、文学家举起了人道主义的旗帜，发动了文艺复兴、宗教改革和启蒙运动。这三大运动极大地冲击了中世纪封建势力和宗教神权。资产阶级的“自由、平等、博爱”和天赋人权等人文主义思想也就迅速渗透到每一个思维的角落，唤醒了一些饱受封建主义和教会势力压迫的人们的觉醒。“人文主义极大地推动了西欧各国文化的发展和思想的解放，文艺复兴由于‘首先认识和揭示了丰满的、完整的人性而取得了一项伟大的成就'，这就是'人的发现'。"[①]人文主义以人为中心，反对中世纪的禁欲主义和来世观念，以及过分抬高神而贬低人的做法；主张现世的幸福和对人性要求的尊重，主张人的个性解放和自由平等。卢梭（1712–1778）《社会契约论》中天赋人权的观念，唤起了"无权"民众的觉醒。因此，让－雅克·卢梭被称为"近代妇女运动的点火者"。[②]而最早的受影响者，当属法国知识女性奥林珀·德·古日，她于1791年写了一部《女权宣言》，书中提出了男女生来平等，应该享有同等权利，妇女拥有婚姻和言论自由，妇女应该参加政治生活等维护妇女尊严、反映妇女呼声的革命思想。

卢梭说："人生来就是自由的，却无不处于枷锁之中。"[③]"要说一个人甘愿无偿地把自己送给别人，那纯属不可思议的无稽之谈。即使有人这样做，那也是不合常理的，单凭这一点就可断定这种行为是非法的、无效的。""放弃自己的自由，就是放弃自己作为人的资格，就是放弃人类的权利甚至放弃自己的义务。"[④]卢梭认为，随着私有制度的出现，人类进入不平等的社会以后，就要通过社会契约的方式来实现人的自由。在这种契约中，"我们每个人都把自己的人身和全部力量共同置于普遍意志的最高领导之下，我们接受每个成员进入集体，作为整体不可分割的一部分。"[⑤]因为每个人都把自己献给了任何人，因而个人在订立契约后依然只服从自己，法律也只是每个个人的自由的体现。资本

①张志伟．西方哲学史．北京：人民大学出版社，2002：289.

②《世界妇女史》，第361页。

③（法）让－雅克·卢梭．社会契约论．杨国政，译．西安：陕西人民出版社，2006：1.

④同上，第6–7页。

⑤同上，第12页。

主义打着“自由”的旗帜却干着罪恶的勾当，妇女在启蒙思想的影响下，要求取得经济、政治、文化、社会的权利，女性主义就在这样的思想背景下开展起来。然而，促成女性主义成为现实可能的却是工厂制度自身。妇女们参加到资本主义的商品生产之中，扩大了妇女交往的范围，特别是一些资产阶级知识女性，她们最早认识到妇女的不平等地位。此后的两百多年，她们一直在孜孜不倦地追求着男女两性的平等。女权主义，或者女性主义，成为一个大家非常熟悉的词汇。遗憾的是，直到今天，当我们反问“女性主义到底是什么”的时候，竟然不能清晰地表达出来。

现在，从上面所讲的思想大背景，也许我们不难理解女性主义的思想渊源。正如芭芭拉·席特曼在《女性奇谈》的前言中所讲，“个人即是政治”（Personal Is Political）。[①]女性主义的思想基础正是天赋人权和个人自由主义。芭芭拉·阿内尔小心翼翼地说，对“女性主义”的初步定义也许是“认识到不论何时何地，也不论在社会中还是在人们自己的生活中，男性和女性拥有的权力是不平等的；由此而产生这样的信念：男性和女性应该平等；认为迄今的知识是关于男人的、由男人写成的、也是为了男人的，从而必须重新认识并理解所有的知识学派，以便揭示这些学派忽视或歪曲性别的程度。”[②]肖巍在《女性主义关怀伦理学》一书中列举了四种“带有权威性”的关于“女性主义”界说，并从中得出了三个层面的理解：“从政治上说，女性主义是一种社会意识形态的革命、一场提高妇女地位的政治斗争；从理论上看，女性主义是一种强调两性平等、对女性进行肯定的价值观念、学说

①（德）芭芭拉·席特曼．女性奇谈．台北：台湾新雨出版社，1984：5.

②（加）芭芭拉·阿内尔．政治学与女性主义．北京：东方出版社，2005：4.

或方法论的原则；从实践上来看，女性主义是一场争取妇女解放的社会运动。”[①]《中国妇女大百科全书》（北方妇女儿童出版社，1995年版）将“女性主义”和“女权主义”做两个词条来解释：“女性主义是西方19世纪到20世纪60年代之前流行的妇女运动理论和基本妇女观。女权主义则被称为‘男女平权主义’，以资产阶级自由、平等思想为基础，要求结束妇女从属地位，主张男女两性平等，是资产阶级妇女运动的主要理论基础。”[②] 而沈奕斐则认为女性主义不应该打上“西方”标识，应该成为一种东西方共通的符号。黄华在《权力，身体与自我——福柯与女性主义文学批评》一书中是这样界定的：女性主义一般被理解为“来自西方的一种为妇女争取与男性各方面平等权利的社会、文化理论。女性主义有别于其他西方思潮的特点，在于它的学科基础建立在性别差异的基础之上，这也是它区别于其他社会科学的基本标志，而这又体现为鲜明的政治性、实践性、差异性等。

女性主义由最初的妇女运动发展成为跨越多种学科的一门综合性社会理论，它不是由固定的定义、一系列概念和单一方法组成的学说，而更像是一个以妇女为主题的、开放的、动态的论坛。”[③]然而，黄华的这个界定似乎更加合乎现今兴起的妇女学的状况。女性主义不应该是一种学科，因为它不具备作为“学科”的基本特征：那就是它缺乏一系列比较固定的基本范畴和定义。滕守尧认为女性主义是一种借助“男”“女”隐喻来指导科学研究的方法，女性主义的矛头所向，主要是这两种比喻在西方传统中的一种极

①肖巍．女性主义关怀伦理学．北京：北京出版社，1999：3.

②沈奕斐．被构建的女性：当代社会性别理论．上海：上海人民出版社，2005：85.

③黄华．权力，身体与自我——福柯与女性主义文学批评．北京：北京大学出版社，2005：3.

其不恰当的运用：它往往被用于完全不平等的事物中。也就是说，被比喻为男性的事物总比被比喻为女性的事物高出一筹，具有一种绝对的支配地位。[①]而现在的一些文学艺术批评中，这个意义上的运用是很多的。如此等等。我想，对概念的反复争论或许是无聊的，但似乎是必不可少的，因为缺少了对概念的确切的界定，我们就将失去讨论的基础和前提。

那么，对女性主义这个概念的犹豫将会让人感到研究者自身的无奈，而本书作者认为：女性主义[②]是一种发端于启蒙运动，以个人自由、男女平等为目标的中产阶级妇女的社会思潮。这个概念中至少有以下几个方面的涵义：其一，女性主义发端于启蒙运动。最早的女性主义运动始于法国大革命。按何萍教授的观点，是先有女性主义理论，后有女性主义运动。[③]女性主义理论是源于启蒙运动人文主义思想的影响，是妇女运动的先声，而不是妇女运动的结果。其二，女性主义以自由主义和天赋人权为自己的理论武器，其世界观是历史唯心主义的。它追求妇女个人主义的自由和平等。其三，女性主义反对男权统治，争取妇女同男子平等的政治、经济、文化、社会等权利。其四，这种思潮着重体现的是资本主义国家中产阶级妇女的利益要求。我们不能把参加妇女运动的下层妇女的利益要求与制定这种游戏规则的中产阶级妇女的权利诉求相混淆。很明显，女性主义是中产阶级妇女的解放理论，但也许正如“自由、平等、博爱”是资产阶级的思想武器一样，被武装的却往往是下层的民众。李银河认为女性主义是一

---

①滕守尧．西方“女性主义”与新道家．河北学刊，1994（3）．

②本书“女性主义”和“女权主义”同义。

③西方女性主义理论研究及其借鉴意义——何萍教授访谈．国外理论动态，2005（10）．

种普世价值，是要“在全人类实现男女平等”，在实现男女平等的道路上，女性主义似乎是唯一彻底的和科学的。[①]其五，从总体上看，女性主义不乏一些改良主义的实际行动，当然，激进女性主义的个别支流还主张攻击性或者自残的暴力革命，比如英国的艾米林·潘克赫斯特夫人（1858–1928）及其追随者。[②]但女权主义一般都并不涉及对政治革命之颠覆性的要求，社会主义女权主义由于受到马克思主义的影响更多些，也许是个例外。但大多女性主义者只是针对男权或所谓的男性家长制（Patriarchy），而不是别的。其六，当代女性主义具有的生命力很强，主要表现在两个不同的方面，一是似乎任何一种理论思潮下面都能相应的衍生出“某某主义的”女性主义，二是女性主义似乎可以干预任何一种社会思潮和理论，因而满目都是女性主义的“某某批判”。最后，不得不指出的是，现代女性主义有着更为广泛的利益诉求和探索领域，但基本的特征仍然没有改变。由此不难看出，定义的简单化实际上正好反映出下定义的困境，因为我们无法作出精确的表达，而在多元化的女性主义研究领域，精确的定义也许是不可能的，甚至是愚蠢的。纵便如此，用这样简单的几十个字企图概括女性主义的全貌终究是不可能的。所以，我们还是要研究一下女性主义的发展脉络。

二、女性主义思潮的发展脉络

不难发现，国内的学者都喜欢先给女性主义划分成几个发展阶段，然后加以说明，这样做的确是很明朗的。国外的学者似乎对这种阶段性的划分并不感兴趣，在罗斯玛丽·帕特南·童著的《女

---

①李银河．女性主义．济南：山东人民出版社，2005：1–2.

②《世界妇女史》，第410页。

性主义思潮导论》和詹妮特·A·克莱妮所作的《女权主义哲学：问题，理论和应用》等书中，丝毫没有想要表达女权主义“从何而来，向何处去”的意思。前者直接将女性主义分为自由主义女性主义、激进女性主义、马克思主义和社会主义女性主义、精神分析和社会性别女性主义、存在主义女性主义、后现代女性主义、多元文化与全球女性主义、生态女性主义等八个流派或分支加以论说。[①]而后者在第一部分（作为女性：性属问题探索）中的编列的一些论作，似乎是五花八门的。而在第二部分（女权主义理论及运用：解释现在与改变命运）中则把女性（女权）主义分为自由解放的女权主义、激进的女权主义、文化的女权主义、马克思主义/社会主义的女权主义、后现代女权主义、生态保护的女权主义、走向多元文化的女权主义、走向性属融容的女权主义八个流派或分支。[②]就她们来讲，似乎隐含着这样的信息：对历史线索的追寻是没有必要的，关键是当下存在的，正在发生影响的事物。然而，任何理论发展到任何阶段都无法消除其自身的理论传统。因此，我们将目光转向国内的研究者。

尹旦萍博士把女性主义的发展分为两个时期：第一次浪潮在19世纪中叶到20世纪20年代，正如我们分析过的，由于主要国家资产阶级革命先后完成，而资产阶级拒绝给予曾经与男子并肩作战的妇女平等的权利，从而引发了妇女的争取自由平等的斗争。第二次浪潮是二战结束至今，从战场上下来的男性又一次把女性挤出了战时亟待她们填补的岗位。权利的得而复失激起了女性的

---

①（美）罗斯玛丽·帕特南·童．女性主义思潮导论．艾晓明译．武汉：华中师大出版社，2002.

②（美）詹妮特·A.克莱妮编著．女权主义哲学：问题，理论和应用．李燕等译．北京：东方出版社，2006.

愤怒和不满。[1]

陈彩云女士在《从“平等”、“社会性别”到“公民资格”》[2]一文中把女性主义的发展用一个简要的三阶段的模式予以了说明。她的论文表明，西方女性主义在两个多世纪里经历了三个不同的阶段，第一阶段或者说第一波女性主义发端于欧洲，时间是19世纪中期到20世纪初；第二阶段的女性主义是或谓第二波女性主义是二战后到20世纪七八十年代，尤以美国为烈；第三阶段女性主义，或称第三波女性主义则是20世纪90年代至今，这时的女性主义具有全球性。

在陈彩云这篇文章中，我们似乎看到的是女性主义由合到分再到合的这么一种发展趋势，看起来，这种所谓的分化组合的发展脉络是清晰的。然而，这到底不能反映出女性主义在当代的丰富多样性。无独有偶，济南大学的王建成先生也把女性主义的发展分为三个阶段，并且在基本思路上与陈彩云别无二致。他把西方女性主义分为：“‘求同’——自由女性主义阶段；‘求异’——激进女性主义阶段；‘求谐’——后现代女性主义阶段”。[3]中国社会科学院的强乃社博士关于女性主义阶段的划分与王建成基本是一致的。[4]

两种不同的划分方法自然会导致对当代整个女性主义思潮的不同理解。尽管在整个学术界，往往更多的是把女性主义划分为

①尹旦萍.西方女性主义思潮的产生及其流派.湖北成人教育学院学报，2004（1）.

②陈彩云.从“平等”、“社会性别”到“公民资格”——西方女性主义的理论转向.妇女研究论丛，2002（4）.

③王建成.关于西方女性主义运动的发展问题.山东教育学院学报，2006（4）.

④强乃社.超越女性同一性与回归马克思主义.社会科学辑刊，2007（2）.

三个阶段，而这种划分也确有其依据和可靠性，但把第三波女性主义定义为“求谐”或者“融容”的阶段则显然是不妥的。随着现代化的第三次浪潮，信息技术革命带来的文化多元化和利益多元化，以及它们之交的相互激荡，女性主义并没有走一条趋向融合的道路。而作为思想，这种格调一致的追求在社会发展中原本就是不可能的。女性主义也是一样，她们相互之间的争吵已经弄得不可开交了。而作为女性主义的各个流派，显然也不可能达到一种完全的同意。因为它们每一种不同的女性主义都有着自己确信无疑的理论支点，比如，马克思主义/社会主义女性主义、存在主义女性主义、后现代女性主义、第三世界女性主义，甚至所有的流派都一样。更为重要的是，像上述学者们所言的（合<同>-分<异>-合<同>）的观点，会在一定程度上阻碍我们的视听而把女性主义僵化，这是有违事实真相的。女性主义内部至今仍然是异说纷呈。

第二节　女性主义主要流派简介

如前所述，女性主义不但有多种关于阶段的划分方式，而且，就派别的区划来说也是因划分标准的不同而各有不同。而这种划分标准，有的采用思想渊源的划分方法，这也是最主要的方法。比如自由主义女性主义、解构主义女性主义、存在主义女性主义、马克思主义女性主义等。有的采取地域（也许自然地域，也许政治地域）差异的划分方法，比如欧洲女性主义、英国女性主义、美国女性主义、第三世界国家女性主义等。然而这些基于不同标准划分的女性主义流派在使用上往往因其缺少明确的交合点而保持各自的相对独立。因此，我们也就不必固执于用某种特有的标准来划分所有的女性主义流派，事实上这也许是不可能的。按照当下流行的一些女性主义流派来一一考察所有流派的观点主张，则似乎是本书之外的工作。现在，只能择取最为熟悉的一些流派做些简要的介绍，试图以此达到窥女性主义之大略的目的。

一、自由主义女性主义

自由主义女性主义(Liberal Feminism)，也叫自由派女性主义，或自由解放女性主义，它是由自由主义的政治思潮发展而来的西方女性主义的一个派别。由于这个派别跟其他一些思潮一样，18世纪至今一直在不断地发展着，因此，如何定位这个学派是很不容易的。[①]一般认为，自由主义女性主义是受启蒙思想中的“自由、平等”观念影响而来的。主要代表人物当属英国自由主义活动家玛丽·沃尔斯通赫拉夫特（1759–1797）和约翰·斯图尔特·穆勒（1806–1873），前者的《女权辩护》（1792年）一书指出男女两性在生理上的差别不能成为否定男女平等的依据，后者的《妇女的屈从地位》（1869年）一书主张男女平权，女子应该得到与男子同等的受教育权等。相隔半个多世纪的两本书所论述的中心思想是一致的，那就是从资本主义自由民主思想的立场出发，为当时英国妇女所处的无权地位而奔走呼号，针砭时弊，要求给中产阶级妇女以同男人平等的受教育权、工作权和选举权。20世纪60年代的美国妇女B·弗里丹是美国自由主义女性主义的代表人物，她在《女性的奥秘》一书中号召妇女不要被妻子和母亲的角色所限制，而应该多受教育，多做专业技术，广泛参与社会生活，追求自我实现。而当代自由主义女性主义的发言人当属苏珊·穆勒·奥金。

①《女性主义思潮导论》，第14页。

自由主义女性主义普遍认为，是因为男性主导的社会人为地设置了一些障碍阻止了女性获得平等的权利。而这些阻碍主要来自这种外表看来合理的社会制度，它把女性贬低为下等级的人。“妇女由于一种流行的意见陷入各种各样的卑贱、忧虑和悲哀之中”，[①]男士们从自己的立场设定了对女性的“美德”，把无知当作天真，主张温柔、驯服和像哈巴狗似的可爱是女性最重要的美德。玛丽·沃尔斯通赫拉夫特反抗道：“卢梭宣称妇女永远不应该认为自己是独立自主的，她必须在恐惧心理的支配下发挥她天生的狡猾的才能，她必须成为一个风骚的奴隶……真是胡说！”[②]她认为，妇女之所以被驱逐到社会生活之外，成为依靠取悦于人而生活的人，是因为她们的理性的缺失。“女性愚蠢和恶行的主要根源，是产生于她们的心胸狭隘；而市民政府的规章制度，在培养女性理智的道路上，也设下了几乎难以克服的障碍。”[③]在社会生活中男女并不具有均等的机会。所以她（他）们认为男女平等的实现就要使女性和男性一样有受教育和就业的机会，玛丽·沃尔斯通赫拉夫特说：“如果允许女孩子受到足够的锻炼，不把她们关在不透气的屋子中，直到她们的筋肉变得松弛无力、消化机能遭到破坏的话，我坚决相信我们决不会看到这些幼稚的现象。”[④]而后来的自由主义女性主义者们把这种由男权社会强加于女性的角色定位称之为“社会构建的社会角色”，也就是所谓的“性属问题”。也就是说，正是男性“指定”了女性成为其现在所成为的那个样子。而被男性“指定”成为的那个

---

①女权辩护，妇女的屈从地位，合集．北京：商务印书馆，1995：77.
②同上，第 31-32 页。
③同上，第 68 页。
④同上，第 78 页。

样子即是女性的性属，所以，性属也就是社会性别，而不是生理性别（通常简称性别）或自然性别。自由主义女性主义者认为，这种在社会上构造出来的性别差异，也就是性属，把女性牢牢地禁锢在男权的统治之下。苏珊·穆勒·奥金认为消除男女两性的不平等问题的关键就是要促进性属的根除。①

不难看出，自由主义女性主义者其实正是认同了男权的优越地位而试图填平男女不平等的鸿沟。她们用以填平这种鸿沟的方法是把妇女提高到与男权一样的地位，也就是作为统治集团的地位。詹妮特·A·克莱妮说得好："自由解放的女权主义者是修正主义者而不是革命者，她们策划了改革主义措施，以扩展机会，让女性进入所谓的'制度体系'里面。"②她们的理想无非就是希望中产阶级妇女共享男权统治的既得利益，而不是要推翻这个男权统治的现有体制。激进女性主义者却不这么认为。

二、激进女性主义

激进女性主义（Radical Feminism）的某些言论往往会触怒一些狭隘的男权主义者。有些人甚至把激进女性主义当作女性（女权）主义的全部。在社会上，一旦有人要求"女权"，则被一些人视为极端的性别复仇主义情绪对待。在《女权主义简史》（*Feminism: A Very Short Introduction*）中有一幅插图，是美国早期女性运动的一张照片，妇女们举着写有"END HUMAN SACRIFICE. DON'T GET MARRIED!! WASHING DIAPERS IS NOT

①（美）詹妮特·A·克莱妮编著《女权主义哲学：问题，理论和应用》，（同前），第 440 页。

②同上，第 415 页。

FULFILLNESS”[①]（终结人类牺牲。不要结婚！！洗尿布不是成就）大字的旗帜。激进女性主义早就存在，只是到20世纪60年代，激进女性主义才成为一种潮流并席卷了整个美国。激进女性主义者认为，妇女在历史上是第一个受压迫的阶级；这种压迫在迄今所知的每一个社会里都存在；妇女所受的压迫最深，废除阶级压迫的社会革命也未必能够使妇女获得自身的解放；性别歧视的偏见存在于压迫者和受害者双方的头脑中，等等。几乎绝大部分激进女性主义者都认为，性别（自然性别 sexuality 和社会性别 gender）是妇女受压迫的根源。罗斯玛丽·帕特南·童认为，随着本质主义的出现，激进女性主义已经分化为自由派激进女性主义和文化派激进女性主义。前者认为女性气质的概念以及妇女的生育、性角色和责任限制了女性作为完整的人的发展，因此她们渴望雌雄同体的气质。雌雄同体的概念表达了激进女性主义者最初的愿望，那就是敢于表现男性气质的同时也表现女性气质，超越性别的限制。而后者则认为，应该肯定妇女最重要的女性特征来取代雌雄同体。她们根本不认为解放了的妇女必须展现男性气质，成为女性气质的人比成为男性气质的人要好；妇女不应该努力像男人一样，相反，她们要求女性摆脱男性添加剂的毒害。[②]

米利特（Kate Millett）和菲尔斯通（Shulamith Firestone）被认为是激进自由派女性主义的代表。米利特说：“我发现，现在，以及整个历史的进程中，两性之间的关系正如马克思·韦伯所定义的那样，是一种支配和从属的关系。”“这个社会所有通向权

---

① Margaret Walters. 女权主义简史 . 朱刚，麻晓蓉译 . 北京：外语教学与研究出版社，2008：113.

②《女性主义思潮导论》，第 69-71 页。

力的途径，全都掌握在男人手里。”男权制的政府使占人口一半的男人支配和占有了占人口另一半的女人，“对男性天生优越这一偏见的普遍认同保障了男性的优越地位和女性的低下地位……就两性的活动而言，性的角色规定了女性从事家务和照顾孩子，而人类的其他业绩、事业和抱负却是男性的分内事。分配给女性的有限的角色趋向于让她停留在生物体验的水准上。”[①]同时，女性并不像男性那样具有永久性的阶级联系，她认为：“不管她的出身和教育属于哪一个阶级……她与它的联系都只能是肤浅的、替代性的和暂时的”。[②]因而妇女解放并不完全依赖于阶级压迫的消除。菲尔斯通认为女性从属地位的根源在于人类生物学的某些永存的事实，女性解放要靠“生物革命”和相关的技术进步，使生育过程脱离子宫，这样才能摆脱女性对男性体力的依赖。[③]只有彻底消除生理差别，或者使这种差别不再有意义，达到雌雄同体的境界才能消除男女之间的不平等和性别歧视。弗伦奇（Marilyn French）和戴利(Mary Daly)被当作激进文化派女性主义的代表人物。弗伦奇认为女性的传统特征比男性的传统特征更好，她指出雌雄同体的人必须找到平衡，而这种共享快乐与凌驾权力的平衡必须建立在女性形式里。戴利则更加贬低男性气质，她完全不同意雌雄同体的模式，认为妇女必须“拒绝成为他者，而要做有自己需要、欲望和兴趣的自我，只有通过这一切，妇女才会结束男人是主人、妇女为奴隶的游戏”。[④]

---

①（美）凯特·米利特．性的政治．钟良明译．北京：社会科学文献出版社 1999：38-40.

②《性的政治》，第 58 页。

③《女性主义》，第 50 页。

④《女性主义思潮导论》，第 83 页。

自由派和文化派的激进女性主义者对色情作品的看法完全不同。前者相信妇女能够也应该采用色情作品去激发长期受到压抑的性激情；后者则认为色情作品是在“践行不平等的表达手段，应该受到禁止”。[①]激进自由派女性主义似乎接受对妇女的性虐待，而激进文化派女性主义对此感到震惊不已。同样，对待生育问题，前者认为应该以人工的方式代替自然生育的方式，而后者则认为自然生育才对女人有力，是女性价值的确证。“在60年代、70年代时，在女性的集会上经常出现这样的场面：一位女性高声问与会女性：谁是我们的敌人？大家齐声回答：男人！”[②]在追求男女平等的道路上，激进女性主义者往往走入了极端主义的泥潭。不能不谈到的是关于同性恋女性主义者，这在激进女性主义当中只是一个小的支流，而不是主题。这种激进女性主义者极力宣扬同性之爱，拒绝异性恋，认为这是女性独立性和快乐之所在。

三、社会主义女性主义

社会主义女性主义（Socialist Feminism）尽管也承认男女之间的差异，但不像激进女性主义一样追求女尊男卑而试图把男权社会颠倒过来，它是在确认男女差异的基础上追求一种男女的平等。她们不认为女性提高其相对于男子的社会地位的途径是发起一场女子针对男子的性别之间的“等级战争”。[③]这一派女性主义用马克思主义哲学分析和研究妇女问题，但是，它除了坚

①（美）凯瑟琳·A.麦金农．言词而已．王笑红译．桂林：广西师范大学出版社，2005：147.

②《女性主义》，第51页。

③《女权主义哲学：问题，理论和应用》，第558页。

持马克思主义的世界观和方法论以外，还广泛地吸收流行的各种思想，如实用主义等。容易产生误解的是，往往有不明真相的人把这一派女性主义等同于马克思主义妇女观。李银河在《女性主义》一书中把社会主义女性主义与马克思主义女性主义作了区别，对何谓马克思主义女性主义却含糊其辞，有意无意地把马克思主义妇女观与马克思主义女性主义混为一谈。她在对社会主义女性主义与马克思主义女性主义作了并不清楚的区分以后说："社会主义女性主义有时被人们视为同马克思主义女性主义大同小异。其实，社会主义女性主义对正统马克思主义是有批评的，其主要观点是认为马克思主义缺乏关于性别的理论和关于人类心理发展的理论，忽视女性问题，忽视所有非经济的压迫。虽然马克思主义将女性的状况视为社会进步的天然尺度，但在马克思那个时代，很多人持有这种观点，因此，仅仅讲这样一点点，不能成为马克思主义关注女性问题的证据。"[①]由此看来，只要稍稍有点逻辑思维的人都不难看出，李银河最后还是把马克思主义女性主义等同于马克思主义妇女观了。

我们不能不承认，而更多的学者还是把马克思主义女性主义和社会主义女性主义不加区分的看成是同一个学术流派。因为在女性主义的阵营内，原本不存在意见一致的两个学者，遑论说一群女性主义者了。但很明显的是，社会主义 / 马克思主义女性主义之所以被冠以"社会主义 / 马克思主义"的前缀，不可能是空穴来风的。社会主义女性主义者一般的继承了马克思恩格斯关于妇女解放的一些思想，特别是视恩格斯《家庭、私有制和国家的起源》为自己的经典，同时采取不同程度的反思和批判的立场。阿莉森·贾格尔（Alison Jaggar）认为，马克思主义对性别压迫言

①《女性主义》，第 57 页。

之甚少，马克思主义只是考虑到作为工人的女性的压迫者是资本家，而不曾考虑作为女人的女人，她们的直接的压迫者乃是男人。马克思主义者把妇女受压迫看成是社会经济制度的结果，所以他们否认妇女单独获得解放的可能。[①]如图所示：

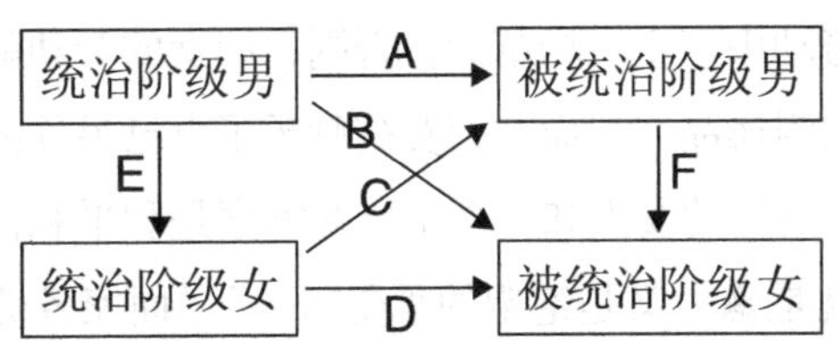

在统治阶级对被统治阶级的压迫（ABCD）之外，还存在作为性别压迫的E和F的压迫途径。社会主义女性主义者认为马克思主义把性别压迫完全放在阶级压迫的范围来对待是不符合事实的。当然，如果上述社会压迫的箭头所指是准确无误的话，那么，箭头所指最多的就是社会中受压迫最为严重的。假使被统治阶级的妇女有来自三方面的压迫的确是准确无误的，那么，作为被统治阶级的压迫（BD）依然是这种妇女最为深沉的压迫。但社会主义女性主义者似乎并不在乎这些，她们着重考虑到自己作为女人的女人应该起来反抗男人的统治。她们不满马克思主义存在的“性别盲点”。[②]

朱丽叶·米切尔（Juliet Mitchell）、艾里斯·杨（Iris Young）、阿莉森·贾格尔被公认为社会主义女性主义的杰出代表。朱丽叶从唯物主义或经济学的角度对资本主义进行了阐述，她认为，旨在推

①（美）阿莉森·贾格尔．妇女解放的政治哲学，李银河主编．妇女：最漫长的革命，上海生活·读书·新知三联书店，1997：289.

②《女性主义思潮导论》，第170页。

翻阶级社会的马克思主义革命必须与旨在消灭社会性别制度的具体的女性主义革命相结合，主张开辟对付资本主义与对付父权制的两个战场，向资本主义父权制的双头怪兽进攻。[①]参加社会劳动并不就是解放妇女的可靠途径，“在发达的工业社会中，妇女的劳动亦处于整体经济的边缘，而男人是通过劳动改变自然条件、建立社会的。除非在社会劳动中产生一场革命，否则，妇女的劳动就只会被看作是男性劳动的附属品。然而，妇女被赋予了自己另外的世界——家庭。”“‘真正’的女人和‘真正’的家庭是和平和富有的象征：实际上她们既是暴力又是绝望的承受者。”[②]而家务劳动的无偿性与被忽略，几乎是每个社会主义女性主义者所愤愤不平的事情。米切尔认为，只有彻底改变与妇女解放紧密结合在一起的生产、生育、性生活、社会化的社会结构，妇女才能获得真正的解放。如果只改变其中的一个结构，则会被另一个结构的加强而抵消掉，结果只是改变了剥削的形式。因此，在资本主义社会中，尽管妇女在形式上获得了合法的平等参政权，却没有从根本上改变妇女的社会、经济地位，更广泛的参政权实际上等于零。

自动化的生产并不能完全消除男女在生产中因体力差别而形成的不平等，因为在资本主义社会，当劳动力的需要减少时，妇女的实际作用也会减少，因而自动化大工业也许会走向恩格斯所设想的反面。而生育的自主选择，当然会消除一致折磨着妇女们的性焦虑和性压抑，完全把生育与性生活区别看来，现在看来依然遥遥无期。而孩童的社会化是一种特别精微的过程，纯粹的母

---

①《女性主义思潮导论》，第 171 页。

②（英）朱丽叶·米切尔．妇女：最漫长的革命．李银河主编．上海：生活·读书·新知三联书店，1997：9.

亲却往往起到相反的作用，随着人们越来越认识到社会化的重要性，应该对妇女在这个过程中的作用进行重新思考。米切尔认为，性行为是四大结构中最为薄弱的环节，按照法律面前人人平等的原则，只有把性生活从与它无关的关系（无论是生育还是财产）中解放出来，才能实现真正的男女性生活自由。然而，狂热的性自由依然是资产阶级的。因此，在米切尔看来，妇女解放乃是一个复杂的系统工程。[①]如果只是从经济的或者生产的方面，或者阶级压迫的方面来理解妇女解放，社会主义女性主义者认为是不妥的。

四、生态女性主义

将女性主义与生态学联系起来是生态女性主义（Ecological Feminism）的天才般的创造。这一思潮在20世纪70年代出现，并于上世纪末得到重大发展。生态女性主义试图寻求一种不同于文化—自然二元对立的新文化，它反对男性中心文化语境下对自然和女性的压迫，反对那些能够导致剥削、统治、攻击性的价值观。她们认为，女性的解放和自然的解放是一致的，因为女性和自然一样受着男权的统治。

在《妇女与自然》（格里芬）一书中有这样一段话："他说，女人和自然交谈。她听到来自地下的呼唤，风在她的耳边轻吟，树木与她耳语。死者通过她的声音唱歌，婴儿的哭声与她近在咫尺。但对他来说，这个对话已经结束。他说，他不属这个世界，他是被置入这个世界的陌生人。他让自己远离女人和自然。……我们是小鸟下的蛋。鸟蛋、花朵、蝴蝶、小兔、奶牛、绵羊；我们是毛毛虫；我们是常青叶，是桂竹香枝蔓。我们是女人。我们

---

① 《妇女：最漫长的革命》，第8-40页。

从波浪中升起。我们是羚羊和雌鹿、大象和鲸鱼；我们是百合、玫瑰和香桃；我们是空气，我们是火焰，我们是牡蛎和珍珠，我们是女孩。我们是女人和自然。”[①]在生态女性主义者看来，女性更接近于自然，具有与自然和谐为一体的品质，而男人则远离自然，把自然当作征服和开采的纯粹“客体”。自然和女人都是男性的猎物。生态女性主义者坚持世界上的一切事物不应该有一个高低不同的等级系统，在这个系统中，人类高于自然，正如神高于人类一样。而人类在开发自然的时候，往往是凌驾于非人之上，把自己看作世界的主人，同时，男性把女人当作是自己的“客体”加以征服和虐待。对自然和女性的强奸是阳具中心主义的标志。

男人像驯服动物一样的驯服着女人，使女人顺从男性制定的文化。在《母牛：我们让步的方式》中，格里芬这样来描写女人：“她是一头大母牛……大母牛什么也不愿意想，她只是静静地等着挤奶；年复一年，她下崽，她站在那里等候忠诚的公牛来交配，她总是在原地、在同样的时间产奶，日复一日……”[②]在男权社会中，女人已经被男性“文明”驯服了。她们遵循着男性指引的女人气质而生活。然而，在生态女性主义看来，这种男性中心的文化并不是人类进步的标志，而是野蛮的象征，只有回复到女性文化的光辉下，人类才能持续发展。因为女人不具有男人的好战性与强奸自然和异性的欲望。妇女与自然的敌人正是男性中心论。男性支配自然和女人的欲望会使人类陷入自我设置的危机之中。比如，伴随着过度开发而形成的资源枯竭、空气污染、能源危机、有毒物质到处充斥威胁人们的健康。这种征讨般的开发的延伸就是对

---

①《女性主义思潮导论》，第379页。

② 同上，第380页。

女性的压迫和奴役。自然和文化的二元对立将人与自然分离了，在人与非人之间架起了等级的阶梯，而“发展”（男性征服欲望满足的借口）的要求造成了女性、自然和处于不利地位的文化的毁灭。[①]女性的“欠发展”使得女性在“发展”的口号下备受伤害。生态女性主义认为，与自然保持密切联系（如女性的月经与月亮的圆缺）的女性，要在生态主义与女性主义原则下构建自己的天堂。这个危机四伏的社会只有推翻了阳具中心主义的统治，才能实现人与自然的和谐，才能实现社会的持续发展。

五、存在主义女性主义

罗斯玛丽·帕特南·童在她的著作里说：“《第二性》无疑已经取得了女性主义思想经典的位置。这部著作帮助了无数女性主义者理解妇女作为他者的充分含义，因此，如果不讨论这部著作，对女性主义思潮的概述就不能算是完整的。”[②]可见，波伏娃及其存在主义女性主义思想在整个女性主义中的重要地位。那么，存在主义女性主义为何物？我们一般会从它的前缀“存在主义”来思考；而理解波伏娃的存在主义女性主义，我们往往又会把这种存在主义限定在萨特的思想上，因为众所周知的一个事实：萨特乃是波伏娃的导师和终身伴侣。我们知道萨特的名言：存在先于本质。也就是说，我们最初是未定形、活着的有机体，并没有天赋的本质身份；只有通过有意识的活动，作出选择和决定，我们才能创造出各自不同的本质身份。而选择和决定是自由的，因此换句话说，也就是指人的自由先于人的本质。萨特此谓人的

①《女性主义》，第 86 页。

②《女性主义思潮导论》，第 255 页。

本质是泛指人的各种规定性的特征（包括人的才能、专长、职业、地位等等）。[①]在萨特看来，人的一切特性不是与生俱来的，而是自由人按照自己的意愿造就的。

然而，波伏娃并没有认同萨特的这种思想，同样作为存在的女人，她不是自己自由选择的结果，而是被构建的产物。《第二性》第一章开门见山地说："女人就意味着子宫和卵巢，用'雌的'这个词来定义女人就足矣。……雌性是慵懒的、狡猾的、热切的、愚不可及的、无情的、残酷的、卑鄙的，男人将这一切统统加在女人身上。"[②]波伏娃认为，在所有的雌性哺乳动物中，女人被异化的程度最深（她的个体性成为外部力量的牺牲品）。女人之为女人，对与男性来说，是被创造出来的他者，即所谓的第二性，她是男性主体的客体存在。波伏娃之所以被认为是用存在主义理论在探讨女人，是因为她是在女人的所有存在环境中思考女性成为第二性、成为他者的缘由。生物决定论认为是体力，弗洛伊德主义认为是阴茎的缺失，马克思主义认为是工具的使用和分工导致了女人地位的低下，波伏娃对此提出了抗议。在她看来，这些表面上造成男女不平等的原因乃是男性主导价值定位的结果。男性通过对价值世界的确认而左右着人们对体力、阴茎、工具和分工的评价。"女人不是天生的，而是变成的。没有任何生理上、心理上或经济上的定命，能决定人类女性在社会中的地位；而是作为整体的文明，产生出这居于男性与无性之间的所谓女性。仅仅是因为他人的介入，一个

①刘放桐等编著．现代西方哲学（下）．北京：人民出版社，1990：643.

②（法）西蒙·德·波伏娃．第二性．李强译．北京：西苑出版社，2004：3.

人才会被造成这另一性别”。[①]女人在男性文明中只能由男性的价值观念决定自身的行动，因为女性永远是他者。而婚姻强化了男性的这种支配地位，“她变成了他的财产。她必须将她的身体、处女的贞洁和绝对的忠诚奉献给他”。[②]

波伏娃认为，只有在十分完整的文明和社会阶级中，女人才会体现出不屈不挠的精神。女人备受指责的很多缺陷，例如平庸、懒惰、轻佻和奴性，是她们眼界太小的现实造成的。她根本不懂得真正能改变世界面貌的行动，在世界中迷失了方向。[③]在现有的社会中，似乎女性反抗的最高形式就只有自杀，这样结束女性的他者地位。然而，这终究是意味着退缩和逃避，对女人来说，唯有争取自身的解放，此外别无他途。[④]波伏娃也认同经济独立是女性解放的重要条件，但不是唯一条件。今天，女人要坚持自己的权利并不费力，但她们仍然没有克服长久存在的、将她们固定在女性气质上的性别限制。在男性世界中，女人依然在忙忙碌碌地寻找着自我。波伏娃指出，只有彻底改变女性的他者地位，才是真正的男女平等，而女性他者地位的确认，乃是男性强加于人的所谓女人气质。而教育和习俗正在使女人成为“女人”。改变社会习俗和现有的教育，对男权社会发起无畏的战斗，使女性得到与男人相同的存在处境，妇女才会获得解放。

六、后现代女性主义

后现代主义女性主义（Postmodern Feminism）是当代女性主

①（法）西蒙・德・波伏娃．女人是什么．王友琴，邱希淳译．北京：中国文联出版公司，1988：24.

②同上，第 182 页。

③同上，第 232-235 页。

④同上，第 245 页。

义思想发展中最令人兴奋的发展之一。[①]这一派女性主义继承了后现代主义反传统的思想，质疑现代主义认为只有理性和科学技术的发展才能保证人类获得客观真理、实现社会进步和启蒙解放的信念。在理论上，后现代主义强调差异、地方、具体的声音和多元化的身份。动态的、不可预设的后现代社会需要新的思路来认识其中的权力关系、设想社会变革。[②]传统思想为强行达成同一性，人们排斥非主流文化的所谓异端思想和处于社会边缘的人。而后现代女性主义者尽管具体思想各异，但她们普遍认为二元对立、非此即彼的思想并非人类的真实存在。她们反对理性主义和阳具中心主义文化，认为妇女寻求解放就必须摆脱它们的统治，去发展多元的、差异的文化。后现代女性主义者宣布拒绝古老的教条。她们鼓励每个女人成为自己愿意成为的那种女性主义者，而不为某种所谓的理想模式所网罗。

“这个世界是男性的话语，男性是这个世界的话语中心……普遍性变成了他们喜爱的手法，对所有人一个声音，用一个声音，仅仅一个声音就能说，男性。”“一个男性以人类的名义说话，一个女性以一个女性的名义说话。但是，正是由于男性陈述了关于我们的所有真理，关于女性的真理，所以仍旧是男性通过女性的嘴在说话。整个女性解放就是以男性的语言对女性低语。”[③]所以，安妮·勒克莱尔（Annie Leclerc）认为，我们不得不发明一种女性的话语。这种话语不是女性的，而是关于女性的，我们

①《女性主义思潮导论》，第307页。

②苏红军，柏棣主编.西方后学语境中的女权主义.桂林：广西师范大学出版社，2006：239.

③《女权主义哲学：问题，理论和应用》，第590页。

必须发明女性。[①]后现代女性主义者如同波伏娃一样也认同女性的他者性，但是她们对他者性的理解与存在主义女性主义并不相同。在后现代女性主义者看来，女性仍然是他者，但她们并不否认女性这种他者的地位和身份：他者性作为一种存在方式、思想方式和讲述方式，它使开放、多重性、多样性和差异成为可能。[②]埃莱娜·西苏（Helene Cixous）、露丝·伊莉格瑞（Luce Irigaray）、茱莉亚·克里斯多娃（Juia Kristeva）是后现代女性主义的杰出代表。

西苏是作为一位女性主义小说家而著称的。她拒绝阳性写作和思考，因为这势必导致陷入二元对立的窠臼。男性通过概念的二分法把世界分裂成两极。在成双成对的概念中总是一方优越于另一方。比如主动/被动、太阳/月亮、文化/自然、高/低……西苏认为这些二元对立的每一对概念都源于男女的对立。其他的对立都源自男人和女人的对立。“一种男性的特权，能够在对立中被看到，在主动与被动之间保持它自己……在哲学中，女性总是在被动那边。”[③]西苏鼓励女人摆脱男人为女人构建的世界而创建自己的话语体系，把妇女纳入自己的书写范围。通过这种阴性的书写，她认为，就能够改变西方世界的思考、言说和行动的方式。她还强调，只有欲望，而不是理性，才是摆脱西方思想种种限制性概念的手段。伊莉格瑞注意到：“我们唯一知道的妇女是‘阳性女性’、阳具崇拜的女性、男人眼里的女性。”[④]而不

①《女权主义哲学：问题，理论和应用》，第 589 页。

②《女性主义思潮导论》，第 288 页。

③《女权主义哲学：问题，理论和应用》，第 596 页。

④《女性主义思潮导论》，第 296 页。

管怎样定义“女性”，都是从作为男性的对立物，作为男性的他者而相对存在的。这样的定义方式，会使女性出不了男性制作的性别藩篱，阻碍妇女思想的发展。在男人的世界中思考女性，或者以男性作为女性不变的参照物，女性是根本不能找到自我的，她永远只是男人的反映。伊莉格瑞发现，在现实社会中，只要在妇女不反映男人的地方，她就是不存在的。[①]

伊莉格瑞指出，只有通过创造一种妇女的语言，而不是依赖于所谓的中立话语，创造女性自己的性欲（通过女同性恋和女体自恋的实践释放自己的潜能），把男人强加于妇女的滑稽剧再用滑稽模仿的方式夸张地表达出来等手段，妇女才能避开阳具中心主义的限制，结束男性给妇女贴上的标签。伊莉格瑞信仰多元的差异性，立誓摆脱阳具中心的概念，解放自己。克里斯多娃相信一个解放了的人是能够在（女性的和男性的）两个领域之间“游戏”的人，一个解放了的人是能够在“女性气质”和“男性气质”、混乱与秩序、革命与现状之间自由行动的人。她拒绝传统对二元的生理性别和社会性别的说明。男人和女人有不同的性身份，但这并不意味着每一个“女性”或“男性”以相同的方式来表现，一个女人不可能“是”某种本质的女人。

不像其他女性主义者一样，后现代女性主义者一般都否认自己是“女性主义”，或者否认自己是某一流派的女性主义，因为她们不崇拜任何现成的理论体系，包括她们自己的理论。后现代女性主义不受限制的不羁态度，使得很多人认为她们是孤芳自赏的“学院派”，与现实的大多妇女并没有确切的关系。然而，我想，这或多或少与她们一般从事文学工作有关，因为文学反映现实并不单刀直入，也并不“自成体系”。正如伊莉格瑞所说的：

---

①《女性主义思潮导论》，第 297 页。

“事实上我们想的不是创造一种女性的理论，而是要获得一个地方/空间，容纳包含性别相异的女性。”[①]

女性主义可以说是一个关于妇女解放的大杂烩，各执一端，莫衷一是。上述女性主义各流派，也并不是在一致的标准下的划分。各种文献资料上，除了上述各女性主义支流外，还有第三世界女性主义、黑人女性主义、[②]后殖民主义女性主义、[③]精神分析和社会性别女性主义、全球女性主义、[④]现象学女性主义、[⑤]权力女性主义、包容女性主义、女同性恋女性主义，[⑥]等等。对西方女性主义思潮我们已经能够管窥一斑了。那么，女性主义与马克思主义关于妇女解放的理论分歧与共鸣在哪里呢?

①《女权主义哲学：问题，理论和应用》，第605页。

②张立平．当代美国女性主义思潮述评．美国研究，1999（2）．

③《西方后学语境中的女权主义》，第237页。

④《女性主义思潮导论》，第314页。

⑤《女性主义关怀伦理学》，第12页。

⑥《女性主义》，第96-100页。

第四章 评析和比较：对话和碰撞中的理论升华

1923年2月3日，李大钊先生应湖北女权运动同盟会邀请，演讲世界妇女运动的潮流、性质和中国妇女运动进行的方法。他说："母权的世界运动……其唯一理由，以为妇女在社会上应有一种特别权利，国家亦当为极充分之保护。盖女子为人类之母，于子女教育之责比较男子既格外加重，是故母权实为一种特别之权利。主张此说者，对于女权，亦甚注意，与纯粹良妻贤母的主义，实不相同。"[①]而斯大林在1921年6月17日致山民妇女第一次代表大会的贺电中说："在人类历史上，任何一次重大的解放运动都不能没有妇女直接参加，因为被压迫阶级在解放道路上每走一步就使妇女的地位改善一步……而在现代的无产阶级解放运动，即在人类一切解放运动中最深刻最强大的解放运动中，不仅产生了女英雄和女烈士，而且产生了在无产阶级的共同旗帜下胜利斗争的千百万劳动妇女的群众性社会主义运动。同这个强大的劳动妇女的运动比较起来，资产阶级妇女知识分子的自由主义运动不过是一种为了消磨时光而臆想出来的儿戏。"[②]同年10月

①《李大钊全集》（第4卷），第172页。

②《马克思、恩格斯、列宁、斯大林论妇女》，第327页。

14日，列宁在十月革命四周年的讲话中说，资产阶级民主革命的“先进领袖们”曾向人民许过愿，说要使人类摆脱中世纪的特权，摆脱妇女的不平等地位。许了愿，没兑现。[①]列宁认为，垂死的资产阶级和依附于它的小资产阶级民主派的“猪狗们”并不能改变妇女受资本压迫的状况。

米切尔，社会主义女性主义者，她认为妇女在现代社会主义思潮中只是“沉默的一角”。她认为：“在马克思的早期著作中，令人吃惊的是，对家庭的分析把妇女问题掩盖了。”[②]马克思仅仅保留了妇女作为全社会进步的标志的一般抽象性，但却抽去了它的具体内容。米切尔认为，在马克思、恩格斯的著作中，对于妇女地位的讨论与对于家庭的讨论是相互脱离的，或者，前者只是后者的补充，而家庭则仅仅被视为私有制的前提。米切尔进一步指出，倍倍尔[③]也“毕竟没有超出‘没有社会主义就没有两性平等’的理论范畴。他对未来的描述只不过是一种空洞的幻想，与他对过去的描述毫不相干……列宁倒是提出了具体的设想，但他依旧继承了社会主义即妇女解放的传统方式，他也没有具体阐述妇女的地位是如何改变的”。

在社会主义制度中，“妇女解放依然只是一种理论上的理想，是社会主义理论的附属品，它并没有融入该理论体系中。”[④]社会主义女性主义者（其理论至少在一定程度上赞成资本主义与妇女受压迫的联系）尚且对马克思主义妇女观持有如此大的偏见，其他的女性主义这就更不用说了。比如波伏娃，她就坚持唯有存

①《马克思、恩格斯、列宁、斯大林论妇女》，第320页。

②《妇女：最漫长的革命》，第12页。

③奥古斯特·倍倍尔，德国著名社会主义者，著有《妇女与社会主义》一书。

④《妇女：最漫长的革命》，第14页。

在主义的根本原则（不但是以全部个人的人生经历为基础，也是以人类经济史为基础）才可以从整体上把握人的生命的特殊存在方式。因为在马克思主义看来，女人的地位只是她的经济处境的一种曲折反映。而“为女人争取每一种权利，不放过每一个全面发展的机遇，并不意味着我们会漠视她们的特殊处境。要认识这一处境，我们必须跳出历史唯物主义的限制，因为它仅仅从经济角度看待男女两性。”[①]现代女性主义的一些理论家都认为有必要为马克思主义补上一课，在她们看来，马克思主义是不讲个人解放而空谈阶级解放的，女性的特殊利益被阶级利益所掩盖了。

回到1919年11月6日列宁所写的《苏维埃政权与妇女的地位》这篇文章，我们不禁感到列宁对资本主义“民主”控诉的回应竟是如此的及时。资产阶级及其拥护者责备苏维埃破坏民主，列宁反驳道，苏维埃革命无论从深度还是从广度上都空前地推动了民主的发展——妇女的地位清楚地说明了资产阶级民主和社会主义民主的区别，特别清楚的回答了上述问题。资产阶级在口头上答应给人民平等自由；事实上，“任何一个资产阶级共和国，即使是最先进的共和国，对于占人类半数的妇女，也没有给予在法律上同男子完全平等的地位以及摆脱男子的监护和压迫的自由。资产阶级的民主是充满了冠冕堂皇的词句、动听的诺言和响亮的自由平等口号的民主，事实上，这种外表堂皇的民主掩饰着妇女的不自由和不平等，掩盖着劳动者和被剥削者的不自由和不平等。”[②]在列宁看来，只要存在阶级，被压迫者和压迫者之间就永远不可能有“平等”，只要妇女不能摆脱男子的特权压迫，资产阶级的“自由”就永远只是谎言。撒谎者和伪君子、蠢汉和瞎子、资产阶级

①《第二性》，第22页。

②《马克思、恩格斯、列宁、斯大林论妇女》，第300页。

和它的拥护者只管欺骗人民，鼓吹一般自由、一般平等、一般民主好了。这些假面具到底是遮不住资产阶级民主的虚伪本质的。女性主义作为资产阶级民主思想的继承与运用，也是以一种普世价值的面孔来迷惑大众的，列宁的这些话给我们敲响了警钟。

当然，激烈的争吵不应该阻塞我们的视听，混淆我们自主的思维。理论上的百家争鸣未尝不是对社会历史的重要贡献。还是伟大领袖毛主席说得好："我们尊重专门家，专门家对于我们的事业是很宝贵的。"古今中外一切优秀理论成果都可以而且应该为我所用，这是无产阶级的功利主义取向。毛主席说："世界上没有什么超功利主义，在阶级社会里，不是这一阶级的功利主义，就是那一阶级的功利主义。我们是无产阶级的革命的功利主义者。"[①]只要对于妇女的解放事业真正有用的东西，我们都不能不悉心思索、合理利用。为此，我们既要了解马克思主义与西方女性主义在妇女问题上的分歧，也要了解它们的共同关切；既要在"鲜花"和"毒草"中明辨是非，也要在文化交融激荡的过程中放宽眼界；既要有抵制腐朽思想的意志和决心，也要有兼容并包的胸襟和气魄；既要立足马克思主义妇女观的基本立场，也不要对女性主义的全部思想盲目非难；既要求同存异发展多样文化，又要构建社会主义核心价值观；既要有心平气和的文化交流与对话，又不能放弃义正词严针锋相对的驳斥与论战。

第一节　对生命的关爱——人道主义的共同愿景

李银河在《女性主义》一书的内容简介中说："女性主义的

①毛泽东选集（3）. 北京：人民出版社，1991：864.

理论千头万绪，归根结底就是一句话：在全人类实现男女平等。”[①]如果这句话成立的话，那么相应的，我们必须肯定她们的确发现了马克思主义在男女平等方面缺少相应的诉求。如果这句话不成立的话，那么，女性主义到底为何谓之“女性主义”？当然，这样的推论是不严密的，李银河的话语也并不是在绝对的真理与谬误之间必居其一的。女性主义不像斯大林讲的那样一无是处，马克思主义也完全不是女性主义者认为的那样使得女性在社会解放中缺席。马克思主义妇女观和女性主义都是对女性问题进行思考和关怀的结果，都是一种人道的思想。尽管马克思主义妇女观或许并不如女性主义者的意，因为马克思主义者并不想人为地在男女之间划出一条不可跨越的鸿沟。

一、有共同关注的对象

1. 两种妇女观都是对妇女的人道主义的关怀。

弗洛伊德说：“在每个时代，女性问题使各种各样的人感到迷惑不解。”[②]尽管弗洛伊德本人是个大男子汉主义者，但他也不能不承认妇女问题并非一个简单的事实问题，而是关系着许多方面内容的特定社会问题。妇女问题之所以成为一个问题，乃是由于“妇女”的身份，而不是别的。在人类的不同发展年代和文化当中，具体的男性也许一样处于社会的底层，受着各种各样的剥削和压迫。但男性受压迫和剥削的原因，正如李银河认识到的，并不是因为他是一个男人，而是因为他属于某个特定的阶级或阶层。女性所受到的社会压迫和不平等的待遇，就往往直接指向女性的性别本身。这就是妇女问题成为独立的问题的原因之所在，

①《女性主义》，第 1 页。

②《西方思想宝库》，第 113 页。

或者叫做女性问题的特殊性。女性主义这在这条道路上走了很远，她们为了女性的某些权利奔走呼号。“千百万男女正在同由于妇女进入起初仅限于男人的职业角色而导致的性别世界崩溃的后果作斗争。”①

现代化进程中妇女要求参加社会劳动，并事实上为社会的生产作出了不朽的贡献；随着妇女进入职业领域，妇女对公共权力的追求更为急迫，而且事实上也获得了不少的社会公共权力。这些都是女性主义者和马克思主义者，乃至全体进步人士不断努力争取的结果。尽管我们还试图追问“职业妇女在家庭生活上到底产生了什么样的严峻问题。这些在本社会获得了公共权力的妇女们的大多数能不能在不牺牲她们做母亲的权利的前提下照样功成名就？她们心甘情愿吗”②等这样的问题，但我们在已经取得的成绩面前更应该坚定信念——世界妇女的大解放也许道路曲折，但前途是光明的！

马克思主义和女性主义对性别差异的形成都有自己不同的理解，但本质上它们都承认现实社会中男女不平等的事实。而马克思主义和现代西方女性主义为男女两性构建的各种理想模式，体现着人道主义者对妇女人格的尊重和对妇女权益的关注。马克思主义从社会历史的角度来分析女性的普遍命运，高屋建瓴地描绘了妇女解放的宏大蓝图；而女性主义从细枝末叶的方方面面来思考女性的处境，各抒己见地发表着她们所能感受到的特定阶层或者说特定利益集团的哀怨和忧思，寄托着种种罗曼蒂克或者暗含血腥的理想。毋庸置疑，它们都是为了现实的女性地位的改变。

---

①（美）帕特里夏·A.麦克布鲁姆.第三性.赵达雄，沈一龙译.长沙：湖南人民出版社，1988：1.

②同上，第4页。

马克思主义和女性主义的公敌是极端男权主义。历史上男人普遍强于女人的事实并不能证明性别压迫的理所当然。达尔文在《人类的由来》中列举男人和女人中最杰出的人物进行比较，认为无论在科学、哲学、历史、音乐还是雕塑、诗歌、绘画等方面的表现，都充分证明了男性的平均智力高于女性的结论。[①]

可是，马克思主义妇女观的任务并不在于得出这样浅薄的结论，而在于追寻造成这种现状的原因，以便从根本上改变这种状况。现代女性主义或许并非全部能够得出令人满意的结论，但她们的可贵之处在于：她们自己独立地思考着她们面临的问题。女性主义也同样不满意于男权社会强加的种种“厌女症”的反女性思想。萧伯纳的话对于一切关注女性命运的人来说是振聋发聩的："我们之所以嘲笑傲慢的美国人就是因为他们先迫使黑人擦皮鞋，然后又用黑人擦皮鞋这一事实来证明黑人在身体和精神方面都是劣等。同样道理，我们男人先把创造过程中的苦差事全甩给女人，然后又拐弯抹角的表示，羞答答、娇滴滴的女性在创造方面不会率先搞出什么名堂。在这个问题上，男性的伪善是没有止境的。”[②]

柏拉图在《会饮篇》中有一段话：“‘所谓爱呀，苏格拉底，并非如你想象的那样，只爱美貌的。’‘那是爱什么呢？’‘是爱美好的繁殖和生殖，’我说。‘的确是这样’她（黛提玛）答道。‘可为什么爱繁殖呢？’我又问道。‘因为，’她答道，‘对生命有限的生物而言，繁殖标志着某种永恒和永生。’”[③]那么，对女性的爱，我们就只停留在工具意义上了吗？这不是真爱，不是人道的爱！真正的爱乃是意味着主体和客体的和谐统一。男人

①《西方思想宝库》，第110页。

②同上，第113页。

③同上，第192页。

和女人统一于“人”——我们自己（而不是一方是另一方的他者）。女人的特殊利益，只是我们自己特定时候和特定场景中的特殊要求而已。这样，才是真正人道的爱。马克思主义妇女观和西方女性主义也许并不都是站在这样的立场来推己及人；但它们终究不再把女性视为敌对面。就反男权主义来说，马克思主义和女性主义乃是真正的盟友。马克思主义是关于人类解放的学说，女性主义是关于妇女（或特定人群）解放的学说，归根结底是关于人的解放的学说。

2.“平等”是它们追求的共同目标。

在人类解放的道路上，由于各自所处的立场不同，思维的方式不同，以及视野和研究的深度与广度不同，造成不同的理解偏差是在所难免的。但是，马克思主义妇女观与女性主义在男女平等的基本原则上却有着近似的诉求。马克思主义妇女观追求在经济解放的基础上实现男女两性在家庭、婚姻、恋爱、教育、就业、政治、文化、社会生活等各方面法律上和事实上的平等；它希望通过社会政治变革、经济社会发展的方式实现这样的目标。而女性主义有的希望通过“双性同体”消除性属差异，有的思考通过同性之爱代替两性沟隙，有的指望科学技术改变女性命运，有的把不合作当作追求女性地位的唯一手段，有的在某些特殊利益方面大声疾呼，如此等等。看似热闹的场景使我们的思想一时难以把握女性主义的共同诉求到底是什么。其实，仅就目的而言，女性主义和马克思主义妇女观一样，它的各式各样的招数下面无非体现着对“平等”的追求，这是朴素而值得同情的基本人权需求。

在男女平等的问题上，女性主义和马克思主义妇女观都经历了一个变化发展的过程。女性主义关于“平等”的思想大致经历了三个不同的阶段，这与现代化的三次浪潮也是基本一致的。现代化第一次浪潮的时候，工业经济刚刚兴起，男权社会的创造物使得女性走出闺房的同时也目瞪口呆。“生产的不断变革，一切社会关系不停的动荡，永远的不安和变动，这就是资产阶级时代不同于过去一切时代的地方。一切固有的古老的关系以及与之相适应的素被尊崇的观念和见解都被消除了，一切新形成的关系等不到固定下来就陈旧了。一切固定的东西都烟消云散了，一切神圣的东西都被亵渎了。人们终于不得不用冷静的眼光来看他们的生活地位、他们的相互关系。”[①]这时候的女性主义者，在男女两性的关系上受到中世纪的男权思想的影响还很大，比较认同男性为妇女所立的规范，她们向往过男人一样的生活，以使自己进入男权的领域，这样来实现自己的“平等”理想。

早期女性主义思想家玛丽·沃斯通克拉夫特就认为，女性的命运大多源于自身的“性格”，她寄希望于妇女变得更为聪明和整个人类更有道德。[②]她说：“我始终认为女性的愚蠢和恶行的主要根源，是产生于她们的心胸狭隘。”[③]可见，潜意识中沃斯通克拉夫特还是在很大程度上认同男权社会的流行观念。在把男人和女人进行比较（当然是以男人为标准）之后，她认为缺乏理性的女人的“平等”权利只能依靠男人的施舍与同情了（也许包括男性政治的变革），“那么，你们这些有理智的男人们还是公平些吧！不要注意女人所做的错事比注意你们所喂养的马或驴的恶习更为严厉——你们既然否认她们有理性的权利，那么就承认她们有无知的特权吧，否则，期待从造物主没有赋予理智的人身上看到品德，那你们将比埃及的监工更为恶劣。”[④]

约翰·斯图尔特·穆勒是一位了不起的好男人，他对妇女的

①马克思恩格斯文集（2）. 北京：人民出版社，2009：34.

②《女权辩护》、《妇女的屈从地位》合集，第 45-46 页。

③同上，第 68 页。

④同上，第 251 页。

屈从地位有着自己独到的分析："毫无疑问，有些妇女，也有些男人，不能满足于体贴的平等，他们只有自己的意愿，若要考虑到任何别人的意愿或希望时便无宁日。"[①]这样看来，一方压倒另一方就被看作是秉性使然。平等的实现在穆勒看来也只能是把妇女提高到男性的地位，在家庭生活和社会生产中，女人都要实现男人制定的标准。因此，在现代化第一次浪潮前后的女性，最大的愿望无非就是接近男性，模仿男性，成为"男性"。这种"平等"观念的实现因为不能实事求是地照顾到女性的个性而显得有些粗糙。

马克思主义妇女观在这个阶段上，也存在着许多被后来的女性主义不断批判的纰漏。在《共产党宣言》中，马克思和恩格斯说道："我们的时代，资产阶级时代，却有一个特点：它使阶级对立简单化了。整个社会日益分裂为两大敌对的阵营，分裂为两大相互直接对立的阶级：资产阶级和无产阶级。"[②]正是这种简单的阶级划分方法，使得马克思和恩格斯把女性问题直接地纳入到整个阶级斗争的范畴中去了。在他们看来，男女平等的实现只要消除了阶级对立和阶级压迫，建立了社会主义制度就完全可以实现了。尽管恩格斯在《家庭、私有制和国家的起源》中依然没有对男女关系在未来社会主义社会的情形作出具体的描述，但他还是十分乐观地宣称："这一代男子一生中将永远不会用金钱和其他社会权力手段去买得妇女的献身；而妇女除了真正的爱情以外，也永远不会再出于其他某种考虑而委身于男子，或者由于担心经济后果而拒绝委身于她所爱的男人。"[③]我们对这种革命罗

①《女权辩护》、《妇女的屈从地位》合集，第295页。

②马克思恩格斯文集（2）. 北京：人民出版社，2009：32.

③《马克思、恩格斯、列宁、斯大林论妇女》，第136页。

曼蒂克的理想理所当然地充满好感。但这并不能妨碍后继者对这种思想的不断发展和修正。

现代化第二次浪潮正如前面所述的，产生于19世纪下半叶至20世纪初，工业化和现代化在欧洲核心地区取得巨大成就，并向周边扩散，跃出欧洲而向异质文化地区传播。[①]在这次现代化浪潮影响下，女性主义平等观在20世纪上半叶有了不同于早期女性主义平等观念的新发展。由于电力技术的广泛运用，生产规模扩大，技术和投资量增长，女性在生产过程中的地位得到了进一步的加强。特别是，与现代化的工业竞争息息相关的世界大战，使大批男劳动力丧失，妇女在资本主义生产中的重要性更大。随着战争的结束，男劳动力从战场回来而导致的女工的失落感，使得女性主义在此时形成了第二次浪潮。而这时不难看出很多女性对男性由以前的归附变成了仇视（也许只是部分），女性主义者大多看到了女性与男性的差异，而且尊重这些差异，只是也悄悄地使性别对立起来了。波伏娃就把女性定义为男性的“他者”，也就是所谓的“第二性”。当然，在男女平等的实现上，波伏娃也是把女性气质的消解，或者说回归男性气质当作唯一可靠的途径。进入男权社会而欲与男性共同统治世界——这是波伏娃的理想。所以在《第二性》的最后，她说：“自由女性正在诞生，一旦她获得了支配自己的所有权，或许预言将会实现：‘她们之中将会出现诗人！当女人所受的无边无际的禁锢消失的时刻，当她可以为自己并通过自己去生活的时候，当男人（他们现在依然可恶）将她的镣铐打开的时候，她也能成为诗人！女人将会发现未知的事物！她的观念的世界难道会和我们有所不同吗？她将遇到陌生的、深奥的、排斥的、使人快乐的事物，我们将拥有它们，

①《现代化新论》，第144页。

我们会认识它们。’她的‘观念世界’不见得与男人不同，因为只有她们得到和他们相同的处境，才会获得解放。”[①]波伏娃在平等的问题上，与沃斯通克拉夫特相比，也许更加成熟：即波伏娃较少认为女性先天比男性更多缺陷。由于时代背景不同，沃斯通克拉夫特受男权思想的影响更严重。波伏娃更多地强调“女人是逐渐形成的。从生理、心理或是经济因素，没有任何既定的命运可以决定人类中的女性在社会中所表现的形象。决定这种处于男人和阉人中间的、有着所谓女性气质的人种的是整个文明体系。只有另一个人蓄意所为，一个人才会被确定为他者”。[②]当然，在男女对立的基本立场上，采取不合作态度，或许是敌对态度的，是激进女性主义的部分女性。她们提倡了女性之间的爱，拒绝生育和家务劳动，不再做贤妻良母。男性 3K 党（把女性限制在 kinder（德语）小孩，kuche 教堂，kirche 厨房里）将彻底完蛋。

第二次现代化浪潮对马克思主义妇女观的直接影响是产生了列宁和斯大林的妇女思想。在平等观念上，他们都毫无疑问地认为社会主义给了女工和农妇以前所未有的平等权利。但是，列宁认为资本主义经济技术的发展加重了妇女被剥削的程度，而社会主义的技术革命则是解放妇女的必要前提。[③]列宁考虑到了妇女的特殊利益，但并不认为妇女和男性的差异是妇女受到压迫的必然的原因之一。他也认为是制度造成了男女两性的不平等，这一点和波伏娃是极其相似的。只是到了斯大林的时候，平等就变成了雷同。也许是后起现代化的赶超需要，斯大林回到了第一次现代化时期的一般男女平等的观点，骨子里认可女性先天的缺陷，而

①《第二性》，第 276 页。

②同上，第 121 页。

③《马克思、恩格斯、列宁、斯大林论妇女》，第 213 页。

把男女两性的平等放在女性对男性的归附。他要求妇女既与男性劳动者一样参加生产建设，还要负责子女的教育和家务劳动等等，[①]然而这样也并不妨碍他对妇女“觉悟低”、“愚昧无知”的认识。[②]由于社会主义现代化的起步较晚，所以，当欧美其他先进国家进入第二次现代化浪潮的时候，苏联的马克思主义妇女观在男女平等的观念上还停留在欧美早期的水平，这也是可以理解的。

现代化的第三次浪潮出现在20世纪下半叶。这是一次真正全球性大变革的大浪潮。[③]现代化的扩展速度在这个阶段是非常惊人的：现代化的领域更宽、地域更广、程度更深、速度更快。女性主义也相应进入第三波阶段，而马克思主义在欧洲遭到挫折的同时，在中国则取得了令人振奋的成就。由于全球化的加快，各种思想文化相互交融激荡，女性主义平等观也出现了尊重多元文化、各抒己见不拘一格的新气象。中国马克思主义妇女观也在全球化视野下强调“尊重差异，包容多样”，[④]把男女平等作为一项群众性的社会风尚在提倡，同时也把男女平等定为基本国策。

二、都形成了自己的理论并采取了积极的行动

女性主义和马克思主义妇女观在理论创新和实践上都取得了各自的成就。女性主义者对西方社会男女在法律上的平等作出了重大贡献，而马克思主义妇女观直接地改变了整个国家（如中国、苏联）全体妇女的命运。在理论上，除了对平等的一般追求，女性主义和马克思主义妇女观还有许多相似的地方。比如对妇女经济独立的重

①《马克思、恩格斯、列宁、斯大林论妇女》，第361页。

②同上，第331页。

③《现代化新论》，第148页。

④《高举中国特色社会主义伟大旗帜，为夺取全面建设小康社会新胜利而奋斗——在中国共产党第十七次代表大会上的报告》，第34页。

视、对恋爱婚姻自由的认同，对加强妇女教育、唤醒妇女觉悟的同感，等等，女性主义和马克思主义妇女观取得了较好的默契。

1. 加大妇女教育力度，唤起妇女觉醒。

辛勤的劳动妇女在恩格斯看来是“真正的贵妇人”，[①]然而，这样的“贵妇人”如果没有思想上的觉悟，却永远只能是低贱的奴仆。她们的解放在其贫困的教育水平上，是无法实现的。指望男性单方面地从外部解放女性，纵便是如同马克思恩格斯所设想的，破除了私有制度，妇女的解放依然是不可想象的。而列宁发展了马克思主义妇女观，在妇女教育问题上，要求有和男子一样的待遇。[②]如前所述，在马克思主义妇女思想史上，斯大林是非常重视妇女教育问题的，尽管这种对教育的重视并不是从妇女个人发展出发，而是从苏维埃国家建设的需要出发的。但这种强调加强妇女教育的思想所产生的客观效果，无疑在一定程度上使妇女的身心得到了发展，为进一步解放奠定了基础。

奥古斯特·倍倍尔认为妇女在才智上并不能被有效地证明低于男子——有些人认为妇女至今没有一个天才，她们显然没有能力学习哲学，因此妇女也没有能力从事科学研究。倍倍尔指出，天才不是从天上掉下来的，只是因为几千年来妇女丧失了接受教育的机会才造成她们对人类文化的远离。他认为：“如果男女两性的社会发展条件相同，对每个性别都不存在任何障碍，这个社会的社会状况是健康的，那么妇女也将使自己的本质达到高度完善。”[③]陈至立在 2009 年 2 月 26 日的妇女节讲话中也说道，要

---

①《马克思、恩格斯、列宁、斯大林论妇女》，第 103 页。

②同上，第 265 页。

③《妇女与社会主义》，第 242 页。

“加强妇女教育培训……努力实现好、维护好、发展好妇女群众的合法权益和特殊利益”。[①]沃斯通克拉夫特在《女权辩护》一书中就深刻地指出：“教育把妇女造成这种软弱的样子。”[②]她认为男权社会的男人们蔑视妇女的理智活动，妇女在家庭和社会中的从属地位决定了妇女不能像男子一样热情地去钻研任何一门学问，这就直接导致了妇女的才智不能正常地发展和发挥。而在另一方面，也就是关于妇女教育的意义上，沃斯通克拉夫特和斯大林有着惊人相似的观点，就是除了妇女自身的解放和发展之外，妇女教育在人类持续发展上的重要意义。她发出“有多少儿童纯粹是由于妇女的无知而被杀害的”[③]的感慨。而穆勒也发现了妇女和男人在智力上的差别是由于教育和环境的差异造成的，“并不存在天性上的根本差别”。[④]波伏娃、麦金农，等等，西方女权主义者无不认为教育是妇女处于从属地位的重要原因。这包括至少两个方面的内容：其一是妇女受教育的程度底；其二是妇女接受的是男性单方制定的关于贤妻良母主义的内容。这极大地阻碍了妇女的发展。教育（性别方面的）公平是妇女解放的重要前提，马克思主义和女性主义都非常强调这一点。

2. 参加社会劳动和经济独立是妇女解放的前提。

很多人认为马克思主义妇女观是经济决定论。但却没有人否认经济问题在妇女解放中的重要作用。朱丽叶·米切尔在谈到马克思和恩格斯关于劳动在妇女解放中的作用时是颇有微词的。她认为体力已经不像过去一样足以说明妇女在生产活动中处于底层

---

① http://acwf.people.com.cn/GB/8877255.html

②《女权辩护》、《妇女的屈从地位》合集，第 28 页。

③同上，第 244 页。

④同上，第 304 页。

的原因了，因为工业劳动和自动化技术的发展使得体力在生产中的重要性一落千丈。但她认为马克思和恩格斯曾经设想的妇女在劳动中（因体力导致分工不同而形成的）的地位并没有因为工业化而彻底改变。妇女反而成为最便宜的劳动力(列宁也如此说过)。但是，她依然没有说明劳动可以在妇女解放的过程中被忽视，她只是觉得，妇女之所以没有得到相应的解放，是因为她们“没有进入到关键的生产领域”。[①]

其实，恩格斯在《家庭、私有制和国家的起源》中就从两种生产理论的角度对妇女在劳动生产中的地位作了阐说。他认为在物质资料的生产和人类自身的生产中，妇女曾经和现在依然是有着不可替代的作用，然而，后一种生产居然在某种程度上成为妇女在前一种生产中的桎梏，这难道不是天底下的极大不公吗？而对于关键生产领域（物质资料生产的某些特定部门）妇女地位的丧失，恩格斯认为是妇女的最具有世界意义的失败。[②]而这一点其实和米切尔并没有本质上的不同。家务劳动甚至成为马克思主义和女性主义一致同意的阻碍妇女发展的重要原因之一。只是女性主义者们会把马克思主义归于经济决定论，认为马克思恩格斯在妇女解放的路径上把经济上消灭私有制和妇女参加社会劳动当作充分条件；而女性主义者的意思是，妇女参加劳动以及经济上的独立只是妇女解放的必要条件。就这一点来说，假如我们一定要在它们之间作出分别，那就是量上的差别，而非质上的不同。

性别歧视主义如此严重地阻碍了妇女在生产劳动中的权利的实现。不良的成见使得男女之间的工资差别不能缩小。女性的就业依然受到限制，在专业世界里她们的能动性仍然遭到压制和阻

①《妇女：最漫长的革命》，第18-19页。

②《马克思、恩格斯、列宁、斯大林论妇女》，第111页。

碍。她们被大量安插在护士、图书管理、服务员等低收入、专业性弱的行业，而高收入、专业性更强的职业，如律师、科学、大学教师、医生等由男性掌控着。[①]妇女参加的社会劳动的自由选择余地不大，在某种意义上会使得妇女经济独立并不因为妇女参与社会劳动的人数增多而有所改变；这样的话，也就直接使妇女解放的步伐会不自然地放慢。而这种状况的出现，在很大程度上还是整个的文化体系所形成的。马克思主义与西方女性主义在这个问题上并非小题大做，由上可知，妇女参加社会劳动和经济独立这两个联系紧密的方面在社会实践中并不像我们看到的那样简单。

3. 恋爱婚姻自由是妇女解放的重要条件。

现在，恋爱婚姻自由已经是妇孺皆知的道理了。但当我表述这句话的时候，很少有人会提出质疑。其实在语言上的任何习惯都可以看出一个人受男权思想影响的程度。前面所提到的“妇孺皆知”四个大字就从侧面反映了我们是怎样把妇女和心智发育尚未完善的儿童相提并论的。恋爱自由、婚姻自主也一样，看似我们大家已经接受，但潜在的陈旧思想总是左右着我们的实际行动。马克思主义妇女观和西方女性主义在婚恋自由问题上都有着极大的革新的决心。恩格斯指出，只有建立在爱情基础上的一夫一妻的婚姻制度才是妇女自由的重要表现因素。“除了相互的爱慕以外，就没有别的动机了”[②]是恩格斯对婚姻爱情的理想追求。苏俄十月革命后就实行自由离婚的法律，妇女在家庭婚姻中拥有了自决权。[③]

①《女权主义哲学：问题，理论和应用》，第 217 页。

②《马克思、恩格斯、列宁、斯大林论妇女》，第 135 页。

③同上，第 277 页。

在马克思主义看来，爱情婚姻在阶级社会是有产者的奢侈品，他们代表男权和私有财产统治着人们的善良意志，控制着婚姻和家庭。所谓的爱情，在资本主义制度下无非是骑士阶层和贵妇人的暧昧的偷腥而已。对于无产阶级来说，生活的窘境迫使他们不得不把人类最美好的感情深藏在暗无天日的劳作当中。西方女性主义者因为她们在某种程度上的有产者的身份，决定了她们对爱情婚姻自由的极大兴趣。女性主义者还在别的方面关注着妇女的家庭婚姻生活。

波伏娃在《女人是什么》中对当下的婚姻依然感到失望，认为“今天的婚姻只是旧式生活方式的残余。妻子的处境比以前更难，她们仍有过去的义务……妇女总想建造一个具有永久性和连续性的宇宙，而丈夫却认为她所创造的不过是一个临时的环境”。[①]她还从性的角度来说明男人在两性关系上的支配地位以及索取的习惯。时至今日，也许有些妇女的婚姻还停留在寻求生活保障的层面上，也许在男性霸权话语体系中有些妇女已经习惯了在婚姻爱情中的受支配的角色，也许男权的阻力搭上亲情的幌子更隐秘地干预着女性对爱情婚姻的自主选择，也许当自由迈出去脚步的时候，我们的怀疑与犹豫纵容了男权思想对我们继续地统治……总之，在家长制的社会大气候下，妇女争取恋爱婚姻主动权的道路是漫长的，然而已经起步了。

在妇女解放的道路上，我们当然有理由坚持既联合有斗争的策略。之所以联合，是因为至少上述方面，马克思主义妇女观与西方女性主义有着太多的共性，并分别或者共同采取了某些切实的行动，取得了较明显的成绩；而之所以要不放弃斗争，则因为

---

①《女人是什么》，第237页。

马克思主义妇女观终究不是女性主义，它们代表的阶级不同、思想理论基础不同、对妇女本身的社会历史作用以及对妇女解放的路径的认识不同、采取的具体措施不同、追求的理想境界也不同，等等。

第二节 马克思主义妇女观与女性主义的区别

一、马克思主义妇女观与西方女性主义的理论基础不同

1. 历史唯物主义是马克思主义妇女观的理论基石。

在《德意志意识形态》中，马克思和恩格斯认为一切人类生存必须满足两个条件：生产物质资料本身和人类自身的增殖。[①]也就是恩格斯在《家庭、私有制和国家的起源》第一版序言中所提到的两种生产，物质资料的生产和人类自身的生产。在分析男女关系的时候，马克思主义妇女观从来没有离开两种生产的理论，可以说，两种生产理论是马克思主义妇女观的重要渊源之一。马克思主义认为物质资料的生产是人类存在的前提，因此人们在物质资料生产中的地位也就决定了其在社会历史发展中的地位。所以，当妇女由原始社会早期的主要领域劳动者的身份被后期次要领域劳动者的身份取代时，恩格斯认为这是妇女最具历史意义的失败。而妇女最终夺回业已失去的男女平等的地位，仍然必须回到生产的领域，使妇女在生产中拾起失落的生产劳动中的价值。无论恩格斯、列宁，还是斯大林，没有一位领袖人物不呼吁妇女回到生产当中。他们强调：“凡在社会生产中起主要作用并掌握

①《马克思恩格斯选集》（第4卷）第32-33页。

主要生产职能的阶级或社会集团，经过一些时候必然成为这种生产的主人。”[1]他们普遍认为传统的家务劳动和家庭生活禁锢了妇女的身心发展，使妇女在社会生活中丧失应有的权利。

而到目前为止的一切有文字记载的历史，都是阶级斗争的历史。[2]有人认为马克思主义其实就是阶级斗争的理论，这在某种意义上也是不无道理的。既然历史是阶级斗争的历史，那么，改写历史的任务无非就是推翻阶级统治，建立无阶级社会，即共产主义社会。阶级的存在仅仅是同生产发展的一定阶段相联系的历史现象，这是马克思主义阶级斗争理论的一个根本观点。[3]在马克思主义看来，妇女问题也只有在阶级问题得以解决之后才能彻底解决。因此，妇女争取平等权利的斗争应该融入整个被压迫阶级的解放事业中去。只有废除私有制，才能为妇女真正彻底的解放开辟道路。[4]无论马克思、恩格斯还是列宁、毛泽东等，都在阶级斗争中注意唤醒妇女的觉悟，使妇女群众成为无产阶级斗争阵营中的重要力量。以至于使得一些不明就里的人误解了马克思主义妇女观，认为在马克思主义者看来，只要推翻了阶级压迫就实现了妇女解放，这是不符合事实的。

马克思主义者向来看重阶级斗争，但阶级斗争的胜利只是为妇女解放“开辟道路”，而非最终结果。恩格斯非常慎重地说：“我们现在关于资本主义生产消灭以后的两性关系的秩序所能推想的，主要是否定性质的，大都限于将要消失的东西。但是，取

①《马克思、恩格斯、列宁、斯大林论妇女》，第325页。

②《马克思恩格斯选集》（第4卷），第250页。

③肖前主编.马克思主义哲学原理（下）.北京：中国人民大学出版社，1992：384.

④《马克思、恩格斯、列宁、斯大林论妇女》，第316页。

而代之的将是什么呢？我们要在新的一代成长起来的时候才能确定。”[①]阶级斗争的理论还从妇女之间压迫与被压迫的关系上揭开了妇女问题的新的内容。须知除了男女之间的不平等，也有有产妇女和无产妇女之间的不平等，而且男女之间的不平等，在阶级社会亦是从属于阶级不平等的。这是马克思主义的重要观点。

历史唯物主义还特别重视人民群众的力量，指出人民群众是历史的创造者，而妇女在创造历史的过程中一直起着特殊重要的作用。此外，马克思主义作为关于人类解放的学说，它自然是以人类的自由和解放作为自己的归宿。根据社会关系的历史发展和人的发展的内在联系，马克思把人的发展划分为三个阶段：人的依赖关系占统治地位的阶段；以物的依赖关系为基础的人的独立性的阶段；建立在个人全面发展和他们共同的社会生产能力成为他们的社会财富这一基础上的自由个性的阶段。据此，马克思主义妇女观坚持促进妇女的全面发展，并以此作为妇女解放程度的衡量标准。

2. 个人主义和自由主义是女性主义的思想来源。

在实证主义者看来，“自由”是个形而上学的抽象概念，它的所指是模糊不清的。但自由主义者对何为自由却有一个比较明确的限定，强调其所指是政治自由，也就是人们在政治和社会上的自由。[②]卢梭说过：“在真正的民主制中，一切都是平等的。”[③]他说，国家所有成员的固定意志就是普遍意志，正是有了普遍意志，他们才是公民，才是自由的；人们通过选票宣布普遍意志。在女性主义者看来，早期自由主义的自由似乎只是男权的自由，

①《马克思、恩格斯、列宁、斯大林论妇女》，第 136 页。

②袁玲红 . 走向伦理解放的生态女性主义 . 天府新论，2007（5）.

③《社会契约论》，第 97 页。

与妇女毫无关系。但这种自由平等的思想却渗透到了知识女性的头脑当中，使她们不断反思作为女性的社会群体的处境和利益。

当1789年法国《人权宣言》响亮发表的时候，法国女性运动家奥伦比·古日所作的《女权宣言》依样画葫芦地横空出世了。在天赋人权思想的影响下，古日提出妇女也应当享有天赋的人权。在个人主义与自由主义思潮的影响下，女性主要从政治上的选举权开始拉开了争取权益的斗争帷幕。而这种政治权益的争取，与随着现代化萌芽和初步发展而出现的启蒙思想息息相关。君主和统治集团并不是神的后裔，权力本身属于全体公民，只是争权夺利会使人们失去自由，因此他们需要一个强大的统一的集体意志来保护自身的自由权利。社会金字塔结构的底部至少是一个拥有人身自由的阶级。从宗教、政治、经济、社会以及伦理道德种种方面对国家权力制度提出抗议，就是自由主义的历史开端。从这方面来说，自由主义最初乃是作为一种批判出现的，甚至可以说它是一种破坏性的、革命性的批判。在很长时期内，它的消极作用是主要的。它对破坏工作乐而不疲，而对社会建设好像并没有耐心。

自由主义努力去除阻碍人类前进的障碍而并不指出积极的努力方向或制造文明的框架。它发现人类受到压迫，立志要使其获得自由。它发现人民在专制统治下呻吟，国家受一个征服种族的蹂躏，工业受社会特权阻挠或被赋税摧残，就提供救济。自由主义到处消除自上而下的压力，砸烂桎梏，清除障碍。[①]正如实证主义者孔德所指出的，关于“自由、民主、博爱”的形而上学的抽象概念在颠覆旧的神学权威和封建桎梏方面的确起到过非常革

①（英）伦纳德·特里劳尼·霍布豪斯．自由主义（电子书）．北京：商务印书馆，1994：7.

命的破坏作用，但它们的不确定性使其成为绝对知识的梦想破灭了，因而在现实生活中，自由主义似乎永远是个迷梦。

对于女性主义来说，直接的思想渊源莫过于公民自由、人身自由、社会自由与家庭自由。尽管当自由主义谈到自由的时候，对女性的自由并不十分强调。霍布豪斯说："性别限制在各方面都和阶级限制相同。有些职业，对妇女来说无疑是不适宜的。但要是这样的话，只要测试一下适宜程度就足可把妇女排斥在外了。'为妇女开辟道路'是'为人才开辟道路'的一个应用，一个非常重要的应用，实现这两者是自由主义的精髓。"①不难看出，男权制度下自由主义本质上对妇女的处境并未寄予多大的同情，而是一种纯粹实用主义的做法。然而这并不影响女性主义激动的情绪，因为在政治选举上，在社会形式的平等上，自由主义给予了"无权"女性许多的安慰。特别是在家庭自由方面，自由主义声称"专制家庭是专制国家的缩影，其中丈夫在很大程度上是妻子和子女的人身财产的绝对主人。解放运动要争取实现三点：第一，使妻子成为一个完全承担责任的人，能够拥有财产，起诉和被起诉，自己经营业务，并对她丈夫享有充分的人身保护；第二，尽可能按照法律在一个纯粹契约性的基础上建立婚姻，婚姻的圣礼按照双方宣布的宗教仪式办理；第三，为儿童争取肉体、精神和道德上的关怀，办法是让父母担负起一定的责任，若疏忽则予以惩处，同时拟订一项教育和卫生的公共制度。"②女性主义者对此感激涕零俯首称臣。西方女性主义者在争取选举权、受教育权、家庭中与丈夫的平等权、财产所有权等方面处处可以见到自

①《自由主义》，第12页。

②同上，第13页。

由主义的影子。

同时，自由主义尽管不一定代表个人主义，因为很多自由主义者都强调自由和限制的紧密关系，认为适当的限制乃是真正自由得以实现的基础。但是在部分无政府主义者那里，自由的边界是个人的一己私利，对私利的追求使得他们放弃了对公平与竞争的合理评价。个人主义表现着公私之间的利益冲突。而个性需求的盲目推崇导致了社会秩序的混乱。女性主义者在这方面受到了不小的影响，主要表现在：激进女性主义中的部分妇女过分强调性别之间的对立，而女同性恋主义甚至有仇视异性之爱的倾向；生态女性主义中的少数人把女性气质渲染成世界上唯一优越的气质；还有其他女性主义者对马克思主义妇女观关于阶级斗争的过分批评，也从侧面说明了她们反对追求整体利益，而对个体利益耿耿于怀。世界是由于多样性而精彩纷呈的，个人主义和自由主义或许曾经在人类发展史上起过非常革命性的作用（主张天赋人权，生而平等；张扬个性，泯灭兽性；弘扬人道，摆脱神道；崇尚人权，反对特权），但它的盛行总的来看，未免使人类整体发展遭受或大或小的蒙难。女性主义在高举“女权”的旗帜时，也在上面书写了自由主义和个人主义的口号。

二、马克思主义妇女观与女性主义对妇女处境的认识不同

为妇女争取权利，妇女自己争取权利，争取妇女的权利，或从自身的角度，或从他者的立场，或是既是剧作者又是剧中人，总之，有一件事情是必须解决才能使这种为了妇女权益的斗争进行下去的，那就是理解妇女，理解女性气质，理解女性解放的真谛。在这些方面，女性主义与马克思主义妇女观有着极大的差异。

1. 女性主义：性别也是一种阶级的划分标准。

女人是什么？女性主义者耗尽了笔墨想要澄清女人的本质，

她们认为在男人与女人之间树立一个辨别的准则是不妥的。永恒的女性气质正像永恒的黑人气质、犹太人气质等一样是荒诞不经的。女性的功能（生孩子）也不足以定义女性，女人和男人一样，应该被当作人来对待，而不是女人。我们还是看看古代社会的男人们是怎样定义女人的吧。

荷马说："女人的诡计，古来天下闻……这个警告，你要牢记，不然要遭祸灾：放纵女人，千不该，万不该！"[①]欧里庇德斯说："女人，虽然论天性，不宜于高尚行为，但却最善于设计恶作剧。"他还说，"女人，男人发现女人原来是假钱币。"[②]亚里士多德在《动物志》中把女人和男人作了一番比较，认为"女人比男人更富同情心，更容易激动得流泪，同时也具有更大的妒忌心，更爱吵架，更喜欢骂人、打人。此外，女人更容易灰心丧气，同男人相比，所抱的希望不大，较缺乏羞耻感和自尊感，说话虚伪的成分更大，更富欺骗性，对往事记得更清楚。另外，女人警觉性较大，更易于畏缩，更难于奋发行动，所需要的营养较少"。他进一步强调，"雌性，可以说是残缺不全的雄性。"[③]正如波伏娃所揭露的："人类就是男性，男人不是由妇女自身，而是根据和他的相对关系来解释女人。"[④]女性主义者试图改变这样的状况，并且在定义女性方面有着自己的见解。

生态女性主义者中的部分女士对来自男权社会的歧视不屑一顾，她们认为妇女是善于关怀和养育的，在这方面，男人即使努力也做不到像女人那样。实际上，男人和女人都应该培养传统的

①《西方思想宝库》，第 93 页。

②同上，第 94 页。

③同上，第 96 页。

④《女人是什么》，第 5 页。

女性美德：关怀、同情、慈育。[①]生态女性主义认为男性对自然采取的任何征服措施都可能同样施于女性，就是这种男权的等级制度使男女两性二元对立起来。在系统化的父权统治下，妇女没有自由可言。对她们而言，妇女与生态是多么的接近，而对地球独立价值的肯定实际上也就在自然中心说的基础上突出了女人天生的高贵之处：她并不是一个下贱的物种！妇女与自然的主要敌人正是男性中心论。而现代化的进一步发展，尤其是第三世界妇女的处境在国家对经济现代化的追赶中日益严峻：为了找到工作，男人们被迫涌向城市，而妇女和老人孩子一起，她们不得不留在乡村挣扎求存。[②]全球主义者深刻地看到了现代化对传统婚姻家庭生活地粗暴伤害。它没有改善农村妇女的生活，而是使经济劣势地域的妇女在市场的冲击下面临更多的忧患。

在全球主义女性主义者的视野中，妇女依然是男性世界的牺牲者。而全球两级差距的扩大，进一步使得贫困地区的妇女遭受“公平竞争”的灾难。阳具中心主义和理性中心主义的一统天下必然需要被打破，后现代女性主义者希望打破沉默。不过，表面上看来，后现代主义女性主义者似乎并不是按照二元对立的、非此即彼的逻辑来思考妇女问题的。但是，克里斯汀·迪·斯蒂芬诺（Christine di Stefano）的话告诉我们，对于女性自身的属性，我们不能忽视不理。她说：“社会性别是基本的，这一点还有待我们充分理解。”[③]妇女之间的差异无论多大，但她们的唯一共同点就是：她们都是作为妇女而存在的。伊丽莎白·格罗茨（Elizabeth Grosz）对把妇女争取性别公正的斗争仅仅被视为要求

①《女性主义思潮导论》，第 397 页。

②同上，第 345 页。

③同上，第 307 页。

人类公正的一个环节的现象表示不满，她认为这是一种所谓人道主义的倒退。

妇女不应该被归入男人，女性主义也不是穿裙子的人道主义。[①]弗洛伊德认为女性道德低劣是因为女孩缺少阴茎。女性主义者拒绝这种生物决定论，她们认为女人的生物性不是她们的命运，相反，她们是社会价值的产物。由于社会真正承认的只是男性气质，他们强迫妇女要有女性气质，并可恶地把这种气质贴上"病态"的标签。总之，像波伏娃一样，女性主义者几乎一致同意是社会而不是生物性造成了女性的现状。不论外表看起来女性主义者对妇女气质采取哪种态度，她们的一致的观点是认为男权社会是造成女性之所以为女性的原因。因此，在妇女解放的道路上，矛头直指男性是毫无疑义的。

2. 马克思主义：男权和剥削制度紧密关联。

马克思主义认同社会性别存在的同时反对另一种极端的出现，它希望在两性的差异中弹奏出一曲动听的交响乐曲。刚强和阴柔、太阳和月亮、婀娜多姿和坚强有力，并没有高下之分，只是不一样的美景。女人和男人，在人类的解放事业中没有必要人为地支起一面战鼓，在共同相处的家园，敲着刺耳的声音。尽管如此，这丝毫不妨碍马克思主义对女性现状的深情关切，对妇女解放的特别关注。马克思恩格斯对资本主义民主政治不抱任何希望，他们看到资产阶级人权的虚伪性，在一般言辞中标榜自由平等，又在附带条件中使这种自由平等遭到废除。而解放就是要摆脱必然性的束缚，获得自由。在马克思主义看来："人权的最高目标，就是全社会一切人都充分地自由发展。"[②]作为人类文明

---

①《女性主义思潮导论》，第305页。

②黎国智主编. 马克思主义人权理论概要. 成都：四川大学出版社，1992：10.

的一面旗帜，人权绝不能只是资产阶级的专有物。战斗的马克思主义高举人权理论，在妇女问题上独树一帜地苦心经营了一个多世纪。

1843年夏，在《黑格尔法哲学批判》中，马克思说："在中世纪，权利、自由和社会存在的每种形式都表现为一种特权、一种脱离常规的例外。在这里不能不指出这样一个经验事实，就是这些特权都以私有财产的形式表现出来。这种吻合的一般的基础是什么呢？就是：私有财产是特权即例外权的类存在。"[①]在资本主义社会，妇女是与无产阶级一样作为被压迫对象而存在的，因此，马克思认为，妇女的解放理所当然地要纳入到无产阶级解放的宏大事业中去。"任何一种解放都是把人的世界和人的关系还给人自己。"[②]只有消灭了私有财产制度，无产阶级才会获得解放。消灭一切奴役制，从根本上进行革命，实现无产阶级的彻底解放，也就是人的解放。恩格斯指出："单纯的民主制并不能至于社会的痼疾，（资产阶级）民主制的平等是空中楼阁。"[③]

高喊人权的资产阶级并没有消灭特权，只不过用金钱的特权代替了封建世袭特权。女性主义的一切改良活动，甚至少数极端主义者的超改良行动，都只是想在资本主义的制度内为妇女争得与男子一样的权利。事实上，这种权利的追求只是等级内部的纷争，至少有这样的嫌疑。资产阶级妇女追求与资产阶级男人一样的权利，而对于无产阶级妇女的要求，资产阶级妇女用其一贯的阶级伎俩欺骗着广大的劳动妇女，那就是，如同前面所讲的，她们用一般言辞来谈论自由平等，以此掩盖事实上基于金钱与地位

①《马克思主义人权理论概要》，第38页。

②同上，第43页。

③同上，第48页。

的不同而在资产者与无产者之间形成的巨大沟壑。马克思主义揭穿了这个阴谋，指责了资产阶级民主的虚伪性。另外，个人的自由离不开集体，妇女的自由解放离不开全人类的自由解放。这是不争的事实。由买卖自由、贸易自由而演进的资产阶级的自由永远只是金钱的自由，私有财产的自由。人是一切社会关系的总和。妇女是在与之相关的妇女与妇女、妇女与男人、妇女与政治、妇女与经济、妇女与文化、妇女与环境等等关系中才构成了现实的女性状况的。在这一点上，我们赞同波伏娃关于“妇女是造成的”的观点。

但我们不能把造成妇女现状的原因仅仅归咎于男权文化，而应当从更深的层次来根除造成这种文化和女性现状的经济政治因素。无产阶级及全体妇女要想在资本主义内部从根本上改善自己的处境是不可能的。李大钊说：“妇女要想达到伊们完全解放的目的，非组织一个世界的大联合不可。”[①]这个大联合可以是妇女的大联合，也应该是男女无产阶级以及一切社会进步力量的大联合。真正的妇女解放，只有在消灭了资产阶级生产和它所造成的财产关系，才能普遍实现。列宁在1911年2月8日《农奴制崩溃五十周年》一文中说，被压迫的劳动群众要挣脱奴隶的枷锁，抬起头来，挺起胸来，做一个真正的人，决不能依靠奴役自己的贵族老爷们发善心来“解救”。

只有革命，才能唤醒千百万备受折磨、屈辱的劳动群众，教会他们自己去寻找出路，挣脱束缚自己的枷锁，争得做人的基本权利。[②]在被压迫阶级的解放道路上每前进一步，妇女的地位就

①《李大钊全集》（第4卷），第9页。

②《马克思主义人权理论概要》，第123页。

改善一步。可见，从马克思主义妇女观出发，妇女解放就被理解为人类解放的题中应有之意，而不是完全独立的另一种解放，纯粹性别的解放。

在解放了的社会主义社会中，或许还存在男女之间的差别，但却并不存在男女之间的等级。女人没有必要一定得变为男人，男人也没有必要一定变成为女人。世界因为五颜六色而精彩烂漫，男人和女人在气质上存在不同，正是与自然同构的一道亮丽风景。

三、马克思主义妇女观与女性主义妇女观的理论和实践手段不同

1. 隐晦还是赤裸：女性主义是一种罗曼蒂克的改良主义。

（1）文学艺术是表达女性主义心声的重要途径。

搜索关于“女性主义”的文章，我们发现，占绝大多数的居然是文学批评方面的，题目是诸如“××（文章、著作）中的女性主义思想”、“××（文章、著作）中的××（女性）形象分析”、“××（文章、著作）的女性主义解读”、“女性主义视角下的××（文章、著作、人物）分析”、“××（国家）××（时期）女性主义文学思潮”、“解读××（文章、著作）中的女性话语”，等等。而刊登此类文章的报刊，除了《妇女研究论丛》、《中国妇运》是专门的妇女研究类刊物外，其他主要还是《时代文学》、《安徽文学》、《青年作家》、《名作欣赏》、《当代文坛》、《文学自由谈》、《现代语文（文学研究版）》、《文艺理论研究》等等。

这说明一个什么问题呢？至少可以有如下的联想：一是女性主义研究者大多是文学艺术工作者；二是女性主义大多通过文学艺术作品来表达自己的思想；三是女性主义者试图通过文学艺术的形式来实现自己的计划；四是女性主义已经或者即将更多地作为一种超现实的理想；五是文学艺术的确在很大程度上是适合女

性主义生长的土壤。不论怎样联想女性主义与文学艺术以及与文艺家之间的种种关系，我们最终的结论却只能这样说：女性主义与文学艺术有着千丝万缕的联系。这联系到底该如何确定无疑地表达则似乎很难说。但文学艺术批评现实的间接性的特点就决定了女性主义在文学艺术范围之内寻求生存和发展空间的本身的局限性。在女性主义对妇女运动的指导作用来讲，它的改良主义的本性是确定无疑的。

（2）部分女性主义者对科学技术的迷信和对统治集团意志更改的幻想。

妇女追求新知和解放是一件伟大的事业，女性主义在两百余年的时间里为女性事业和人类进步作出了巨大的贡献。随着现代化的进一步深化，技术革命已经改变了整个世界，包括人的思维习惯。在这样翻天覆地的变化中，女性主义者把目光投向了技术革命，希图从技术革命方面给女性解放带来新的契机。很多女性主义者认识到妇女的生理机能，月经、痛苦的分娩、“女性的疾病”、哺乳等使得妇女不能像男人一样从事自己热衷的事业。而体力的差异使得纵便在同一岗位上，女士亦可能稍逊于男子。这些“自然属性”在技术革命日新月异的今天已经或者即将不再成为阻碍妇女发展的障碍。女性主义者对此怀有美好的愿望。不但如此，就是同性之爱，在技术革命不可思议地进行着的今天，也带来了许多的便利。同时，对性别的自主选择在今天也已经成为可以实现的理想了。

“由于性别的不同直接导致在阶级的起源中对第一次社会分工的不同”[①]的状况在现代化程度已经很高的今天不再成为一种定在。在有些女性主义者看来，人工避孕、流产、易性手续、人

①《女权主义哲学：问题，理论和应用》，第479页。

造性具的研发、妇科医学等等的发展，使女人不再受到生理性别的限制。然而，技术对女性生物学基础的改造只是使妇女进一步解放有了更多的途径，却不一定能使这些女性主义者如愿以偿。因为贫富差距的原因使得技术手段的运用并不能在所有需要运用它的女性身上开展。所以列宁曾经说过，现代化的科学技术是使妇女摆脱乌烟瘴气的厨房和琐屑的家务劳动的重要社会条件。[①]但他并不把妇女解放的希望完全寄托在科学技术的发展上。

同时，女性主义者对资产阶级政治体制抱有幻想，渴望公共政策和法律承诺没有性属差异的社会。[②]在资本主义制度范围之内寻找一个公共政策与性属自由平等的契合点。然而资本主义的法律并没有批准性虐待、性骚扰和性别歧视。犹如列宁所揭露的："伪善的慈善家和嘲弄赤贫状况的警察辩护人集合起来'反对卖淫'，而卖淫的支持者又恰恰是贵族和资产阶级……"[③]可见，女性主义者对资本主义民主制度进一步提出要求性属平等的承诺的行为是幼稚可笑的。统治集团怎会自动放弃自己的既得"利益"？

2. 在战斗中求生存：马克思主义的妇女心声。

正如前面所讲到的，马克思主义妇女观的指导思想是历史唯物主义。在马克思主义看来，社会的进步和解放是一个系统工程。而在这个相当复杂的系统中，经济的（或物质的）因素无疑显得十分重要。只有推翻了财产私有制度，一部分人剥削和奴役另一部分人的经济基础就会出现动摇。在此基础上再结合政治的、文化的变革，就能推翻整个统治集团。在资本主义社会，资产者是

①《马克思、恩格斯、列宁、斯大林论妇女》，第 213 页。

②《女权主义哲学：问题，理论和应用》，第 433 页。

③《马克思、恩格斯、列宁、斯大林论妇女》，第 221 页。

把妻子作为单纯的生产工具来对待的。[1]在婚姻关系上，正如恩格斯所说的："当父权制和一夫一妻制随着私有财产的分量超过共同财产以及随着对继承权的关切而占统治地位的时候，婚姻的缔结便完全依经济上的考虑为转移了。"[2]消灭资本主义私有财产制度，是妇女享有充分自由的重要前提。那么，妇女群众就必须与无产阶级结成联盟，推动自己的丈夫参加自身的解放斗争，或者直接地加入到无产阶级的解放运动中去。在马克思主义诞生一百多年的历史中，无产阶级争取解放的斗争一直对妇女解放运动不离不弃，把妇女解放作为无产阶级解放的重要内容和条件。从推动女工罢工，到促进妇女参政议政，到妇女直接当家做主，马克思主义妇女观与时俱进地为妇女的解放事业树立旗帜。没有妇女的酵素就不会有伟大的社会变革，[3]这是伟大的无产阶级革命导师马克思致库格曼的信中所说的经典言论。

执政的共产党把马克思主义妇女观加以落实。前文已经谈到苏联和社会主义中国的马克思主义妇女观在理论和实践上的发展。在任何一个私有制社会，妇女都没有如此空前地得到解放，从来都没有如此空前地积极参加社会建设并共同享受建设成果。马克思主义妇女观的优越性就在于其实践性和科学性。在解放事业的每一阶段，妇女工作向来都是并行不误的。须知"阶级对立与夫妻对抗同时发生，阶级压迫与男人压迫女人同时发生"。[4]

---

①《马克思、恩格斯、列宁、斯大林论妇女》，第 49 页。

②同上，第 133 页。

③同上，第 59 页。

④王森．一部拓新之作——评《性沟分析》．世界历史，1993（4）．

四、两种妇女观追求的理想不完全相同

1.“双性同体”还是“阴阳互补”？

中国无产阶级的革命家李大钊先生在《现代的女权运动》中说道：“一个公正的娱（愉）快的两性的关系，全靠男女之间的相依、平等与互相辅助的关系，不靠妇女的附属与男子的优越。男女各有各的特点性，全为对等的关系，全有相与补足的地方。”[①]指出，西方女权主义运动和妇女劳工运动的起源就在于全世界对这个基本原理的漠视。男女两性的关系究竟如何？李银河在她的著作中对从古到今的种种“男女关系说”作了这样的概括：[②]

⑴男女相异——男尊女卑，男权制，父权制

⑵男女相同——男女平等，自由主义女性主义

⑶男女相异——男女平等，社会主义女性主义

⑷男女相异——女尊男卑，文化女性主义和激进女性主义

⑸男女混合——男女界限不清，因此难分高低，后现代女性主义

这样的划分尽管粗糙，但却简单明了。从上面五种不同的态度来看，在男女关系到底应该坚持何种观点，似乎是很难言明的。不过，进一步地归纳就会发现，其实上述五种态度其实只有两种。那就是：一种是马克思主义的；另一种则是女性主义的。这样的结论李银河是不会答应的。因为她所指的社会主义女性主义的概念本身相当暧昧。在她看来妇女解放思想就是女性主义思想，女性主义思想就是妇女解放思想，二者是相等的。所以马克思主义关于妇女解放的理论，我们称之为马克思主义妇女观的内容，被她称作社会主义女性主义或者马克思主义女性主义。其实社会主

---

①《李大钊全集》（第4卷），第12页。

②《女性主义》，第11页。

义/马克思主义女性主义另有所指，我们前面已经说明了。马克思主义妇女观认同男女有别，同时追求男女平等，这是有现实依据和理论基础的。男女就像月亮和太阳、黑夜和白昼、花朵与绿叶等，是同时存在于这个世界的，身体、心理等各方面的差异并不因为我们拒绝承认而消失。但是，在我打出上述比方的时候，女性主义者立马会反应过来，声称把女性比作月亮、黑夜、绿叶本身就是对女性的歧视，男性凭什么被比喻为太阳、白昼、花朵？其实，纵便上文的确没有这样的归类，但女性主义者会这么去看。原因就在于从骨子里她们已经接受了男权社会强加的种种尊卑观念。

现在，双性同体已经成为一个很摩登的词语，至少在女性主义理论界是这样。柏拉图在《会饮篇》中就说在男人和女人之外还有第三种人，即不男不女的人。[①]其实柏拉图所说的这种人并不是不存在的，现在同样存在这类中性人（俗称阴阳人）。女性主义理论工作者为现时的雌雄同体寻找根据时试图以此加以说明显然是苍白无力的。在女性主义者看来，所谓的雌雄同体，或者双性同体是指一种对性别差异可以尊重各人的意见，同时又实现性别完全平等的这样一种性别理想。这种思想并没有创新之处。

洛伊斯·古尔德（Lois Gould）写了一篇《X：一个非常儿童的故事》[②]的文章。在这篇文章中，X是一个没人能分辨出男孩还是女孩的婴儿，只有父母知道其性别。X在一个没有性属话语的空间被当作实验对象培养成长，X甚至不使用他或者她这样的词语，X就是X。X在学校的成长尽管历经艰辛，但实验证明强

---

①陈建娜．用女性主义的耳朵听一串故事——关于“雌雄同体”主题的阐释和思考．浙江工商学院学报，2007（3）．

②《女权主义哲学：问题，理论和应用》，第31页。

健的肌肉、红白图案方格的外衣、漂亮的小酒窝、玩玩具、打篮球，完全可以在一个人身上同时具有这些。小X是不被性属文化污染的孩子。小X正是女性主义的梦想。Y、Z等等，在性别之外，生理的属性被忽略；只有人，没有男人或者女人，最高境界的女性主义者如此天才般地幻想着。

女性主义者追求的是妇女的个性解放。雌雄同体的追求也许并不代表全部女性主义者的愿望，因为女性主义，正如前面所说的，并非一个有着步调一致的统一派别。也正如前面所说的，个人主义和自由主义是女性主义的共同的思想渊源和基础。因此，追求个性解放是女性主义共同的目标。个性解放原本并没有错，至少是对人性的认可，至少是人道的，而非神道的东西。但这个进步正像其他真理一样，前进了一小步就变成了谬误。脱离了人类整体利益的个性解放注定是不能得逞的。所以在资本主义社会，女性解放的路还很长。

2. “自由人联合体”是马克思主义妇女观指向的最高境界。

马克思主义除了妇女的个性解放之外还有更高的追求，它是要建立区别于一方压倒另一方的两性关系的真正和谐。马克思主义不仅站在女性的立场，而且站在整个人类解放的立场上来对待和处理妇女问题。我们不妨看看李大钊说过的一段话：

……那中产阶级的妇人们是想在绅士阀的社会内部有和男子同等的权利。无产阶级的妇人们天高地阔，只有一身，他们除要求改善生活以外，别无希望。一个是想管治他人，一个是想把自己的生活由穷苦中释放出来，两种阶级的厉害，根本不同，两种阶级的要求，全然相异。所以女权运动和劳动运动纯是两回事。假定有一无产阶级的妇人，因为卖淫被拘于法庭，只是捉她的是女警官，讯她的是女审判官，为她辩护的是女律师，这妇人问题就解决了么？这卖淫的女子受女官吏的拘讯，和受男官吏的拘讯，有什么两样的地方么？就是科刑的轻重有点不同，也是枝叶的问题。根本的问题，不问直接间接，还是因为有一个强制妇人不得不卖淫的社会组织在那里存在。在那种组织的机关的一部安放一两个妇人，怎能算是妇人的利益呢？中产阶级妇人的厉害，不能说是妇人全体的厉害；中产阶级妇人的权利伸张，不能说是妇人全体的解放。①

李老前辈一针见血地指出了女性主义运动的资产阶级立场，也许对女性主义的积极作用，李先生有所忽略，但这并不妨碍我们对一个无产阶级革命家人微的洞察力的景仰，李大钊先生心怀的不仅仅是部分人、部分妇人的利益，而是整个无产阶级、整个妇人的利益。因此他认为，妇女问题的彻底解决，一要联合全体妇女的力量去打破男子专断的社会制度，另一方面还要联合全世界无产阶级妇女的力量，去打破有产阶级（包括男女）专断的社会制度。斯大林宣称："同这个强大的劳动妇女运动比较起来，资产阶级妇女知识分子的自由主义运动只不过是一种为了消磨时光而臆想出来的儿戏。"②这话或许有点过激，却确实反映着两者在追求境界上的泾渭分明。马克思主义在妇女解放理想目标的追求上，不是拘囿于有限个体权利的伸张，而是在重视各个个体发展的同时，把整个人类的价值追求放在首要位置。每个个人自由而充分的发展成为其他人发展他们需要的前提。既有男女个性的差异，又有男女权利的平等；既有妇女个性张扬，又有人类整体发展。"自由人联合体"是马克思主义妇女观追求的最高目标。

---

①《李大钊全集》（第3卷），第169页。

②《马克思、恩格斯、列宁、斯大林论妇女》，第327页。

第五章　中国现代化进程中的两性和谐问题

女性主义和马克思主义妇女观随着现代化的浪潮一波又一波地发展前进，相互激荡交融地弹奏着人类智慧的乐音。中国现代化建设起步较晚，但雄心壮志地准备后发制上，这些年的发展势头非常勇猛。特别是十一届三中全会后，我党重新确立了解放思想、实事求是的思想路线。邓小平把是否有利于发展社会主义社会的生产力、是否有利于增强我国的综合国力、是否有利于提高人民的生活水平作为现代化建设过程中衡量一切是非成败的标准。在党的十一届三中全会春风吹拂下，神州大地万物复苏、生机勃发，我们的祖国迎来了思想的解放、经济的发展、政治的昌明、教育的勃兴、文艺的繁荣、科学的春天。党和国家又充满希望、充满活力地踏上了实现社会主义现代化的伟大征程。①

在“三个有利于”思想的指导下，社会主义中国迈着稳健的步伐走进了21世纪。由于中国社会主义初级阶段的基本国情和世界文化体系的特点，我国两性和谐建设尽管已经迈出了实质性的步伐，形成了资本主义在漫长的岁月里所未能形成的良好局面。

---

①胡锦涛．在纪念党的十一届三中全会召开30周年大会上的讲话．北京：人民出版社，2008：3.

但是，问题依然存在，对于严谨的马克思主义者来说，任何细微的问题都会引起非常之重视。这主要是因为马克思主义的本质在于解放全人类，而中国是较早完整实践马克思主义的地方，对于和谐两性关系的构建，我们有必要对自己“吹毛求疵”，追求完美，好上加好。唯有如此，我们才能不为任何风险所惧，不被任何干扰所惑，继续奋勇推进改革开放和社会主义现代化事业。康克清女士1978年提出的“四个现代化需要妇女，妇女需要四个现代化”的号召至今仍然具有鲜活的生命力。

第一节　现代化进程中两性矛盾冲突的表现及其原因

（一）我国现代化进程中妇女权益的发展及存在的“性沟”

“性沟”是从代沟一词化用而来，意指男与女之间由于性别不同，而带来的身心之间的差异与沟壑，[①]是男女之间难以消弭的隔阂。性沟主要体现在妇女应享权利和实际享有的权利之间的差距。在我国，妇女应该享有与男子平等的政治权利、文化教育权利、劳动权利、人身权利、财产权利和婚姻家庭权，然而在几乎全部权利领域，妇女的权利并没有得到完整的实现，这与我国的宪法是相违背的，与人道主义的基本精神是不符合的，与社会主义追求的理想目标是有差距的。

首先，妇女应该享有与男子平等的政治权利。

公民的政治权利主要包括选举权和被选举权、政治表达的自由（言论、出版、集会、结社、游行、示威等）、各种政治参

---

① http://www.bokequn.cn/artical/209494.html

与权利（监督权、控告权、检举权、请求国家赔偿权等）。最早提出妇女政治权利问题的是孔多塞[①]（Jean Antoine Condorcet，法国人，1743–1794）。他认为永远有效的自然法把男女两性置于同样的法律之下，因此必须给妇女以政治权利。《中华人民共和国妇女权益保障法》基本体现了“消除一切对妇女的歧视”的原则，但据杜正春《非政府论坛在北京》一书所载：[②]截至 1995 年联合国第四次世界妇女大会在北京召开，中国人大的女代表仅占 21.03%，这与 1954 年的 11.9% 相比有了很大的发展，但占人口近一半的妇女所占的人民代表的比例依然是很低的。据统计，全国人大女代表的比例从 1978 年的五届人大开始一直在 20% 左右徘徊。按照中国选举法的规定，全国人大和地方各级人大的代表中，应有适当数量的妇女代表，并逐步提高妇女代表的比例。但从十届全国人大代表选举结果看，妇女代表的比例是 20.24%，比九届低了 1.58 个百分点。2007 年 3 月 8 日，提请十届全国人大五次会议审议的十一届全国人大代表名额和选举问题的决定草案规定女性占全国人大代表的比例不得低于 22%。[③]在确认的十一届全国人大代表名单中，有妇女代表 637 名，占代表总数 21.33%，比十届人大妇女代表所占比例提高了 1.09 个百分点。[④]另据 1999 年的统计，全国有女市长（副市长）463 人，中国女市长的数量在全世界是第一位的。[⑤]

①张广利，杨明光．后现代女权主义理论与女性发展．天津：天津人民出版社，2005：14.

②杜正春．非政府论坛在北京．北京：中国人事出版社，1995：72.

③ http://sx.takungpao.com/news_view.asp?newsid=11980

④ http://npc.people.com.cn/GB/15017/6937517.html

⑤ 谭林，刘伯红主编．中国妇女研究十年．北京：社会科学文献出版社，2005：335.

妇女参政是政治民主化的一个重要标志，妇女对国家事务和公共事务的参与直接体现着男女平等的状况以及妇女解放的程度。无疑，我国在经济现代化建设的过程中，在妇女实现自己的政治权利的道路上已经迈出了一大步，基层民主逐渐完善。截至2008年年底，全国村委会成员中女性人数507,272人，所占比例为21.7%。湖南省第七届村委会换届选举后，村委会成员中妇女比例达到31.4%，[①]而2008年妇女占全国人口的比例是48.5%。[②]在我国，作为执政党的共产党之党员，1949年女党员占党员总数的比例仅为11.9%，而2008年，全国发展女党员102.3万名，占全年发展党员总数的36.4%。[③]从好的方面，我们看到了成绩；从坏的方面，我们看到了实现妇女在平等享有政治权利的问题上任务依然十分艰巨。实际上，我们从十一届全国人大妇女代表预期的22%到实有的21.33%可以看出，现实的妇女权利的发展，阻力是很大的，也许来自妇女自身的原因，也许来自男性的原因，无论怎样，妇女在政治权利上的积极性性和实际享有的程度，是能在某种意义上说明妇女解放和男女和谐的程度的。

其次，妇女应该享有与男子平等文化教育权。

如果我们在政治权利上怀疑妇女自身的素质问题的话，则肯定是文化教育造成的。因为妇女在天赋上并不比男性差，这一点是确定无疑的。我国现代化的实现，也可以说取决于国民素质的提高，其中思想道德素质和科学文化素质二者缺一不可。而男女同胞的共同发展才是我们聚精会神搞建设的当务之急。阴盛阳

---

① http://acwf.people.com.cn/GB/99058/9586512.html

②据中国人口与发展研究中心信息服务部统计公报。

③ http://news.xinhuanet.com/lianzheng/2009-07/01/content_11632861.htm

衰还是阳盛阴衰都会使现代化建设失去半壁江山。古代孤陋寡闻的女子形象在当今社会已经不足称道了。按《经济、社会和文化权利国际公约》（*International Convention on Economic, Social and Cultutal Right*）的要求，文化权利是与经济和社会权利并举的。

从妇女文化教育权利的享有来看，我国的宪法规定了公民有受教育的权利和义务。《中华人民共和国妇女权益保障法》第 15 条到第 20 条规定，国家保障妇女享有与男子平等的文化教育权利，并为此采取积极的具体措施。《消除对妇女一切形式歧视公约》（*Convention on the Elimination of All Forms of Discriminination against Women*）规定各缔约国应该采取一切适当措施改变男女的社会和文化行为模式，保证妇女在教育方面享有与男子平等的权利。[①] 1949 年前，我国妇女文盲率为 90%，新中国成立后，开展了有计划的扫盲运动，按 12 岁以上人口计算，1982 年我国女性文盲率是 45.2%，而男性文盲率是 19.2%；1990 年，全国 15 岁以上的女性文盲率为 31.93%（农村妇女文盲率为 46%），男性文盲率是 12.98%；2000 年，18 ~ 64 岁的女性中文盲率已经下降到 11.1%。[②] 据教育部统计，2006 年，全国实现基本普及九年义务教育和基本扫除青壮年文盲地区的人口覆盖率达 98%，全国小学净入学率达到 99.3%，其中男女童入学率分别为 99.25% 和 99.29%，女童高于男童 0.04 个百分点。[③]这已经使得当初用文盲率来衡量男女平等教育程度的标准不再发生效力了。就高等教育来说，从 1980 年开始，女生在校比例不断上升，到 1990 年的

---

①李明舜，林建军 . 妇女人权的理论与实践 . 长春：吉林人民出版社，2005：148-154.

②同上，第 160-161 页。

③ http://news.sohu.com/20070805/n251419858.shtml

前十年达到33.7%，上升了10个百分点以上，到2000年又达到了41%，到了2006年已经达到48.06%，整个从1980年到2006年的二十六年间，女大学生的在校比例上升了24.62个百分点，平均每年上升9.5个百分点。这是中国女性接受高等教育比例最高的时期，是中国女性自我发展的黄金时期。[①]据悉，2007年，湖北省在校本、专科女生达53万人，占本、专科学生总数的46%，比2006年增加约5万人；在校女硕士为2.8万人，比2006年增加1325人，占硕士生总数的46%。2007年，湖北省攻读博士学位的女生已经达到5627人，比2006年增加了403人，占博士生总数的32%。[②]而国家统计局的统计公报显示，2007年女性占全国人口的比例是48.5%。由此可见，高级知识分子的培养中，女性已经将要达到男女平分秋色的地步，这是一个可喜的数据。我国男女平等已经取得了实质性的进展。但由上亦可看出，越往上去，女性所占的比例越低，以湖北为例，本专科生女性占46%，而博士则只占32%，这与妖魔化女博士是有紧密联系的，社会上称女博士为“灭绝师太”就是明证。这些细微的问题，还是应该引起我们重视的。事实证明，女性可以取得和男性一样的成绩，没什么理由让知识界的最高层由男性垄断。而最有可能使女性受教育的积极性受到挫折的潜在危机就是就业市场上对女性的歧视。

再次，妇女享有与男子平等的劳动权。

在劳动权上，妇女就没有在教育权上那么顺利地实现自己与男性平起平坐的地位。可以这样讲，在教育权问题上，更大程度

---

① http://www.hnshx.com/Article_Show.asp?ArticleID=3936

② http://www.hb.xinhuanet.com/newscenter/2008-03/19/content_12740636.htm

上是妇女自己努力的结果，因为与男子一样，妇女需要跨过一个公平的竞争门槛。所以上述的教育状况更多的证明了女性在智商上与男性并没有什么先天的差距。而在劳动权上，情况则不容乐观。武汉市社科院研究员刘崇顺认为，女大学生增多，将使大学生就业难的问题更加突出。尽管女生的创造能力，丝毫不亚于男生，但目前社会上部分单位性别歧视的现象依然存在。[①]时至今日，一些地方居然不得不采取政府鼓励或者强制的手段才能在劳动用工上实现表面的公平。

妇女的劳动权对于妇女的生存和发展具有重大的意义，是实现妇女人权的重要保障。只有实现了劳动权利，妇女才有可能不成为男性的附庸。正如恩格斯在《家庭、私有制和国家的起源》中所说的："妇女解放的第一个先决条件就是一切妇女重新回到公共的劳动中去。"[②]《中华人民共和国妇女权益保障法》第21条规定："国家保障妇女享有与男子平等的劳动权利。"《中华人民共和国劳动法》第13条规定："妇女享有与男子平等的就业权利。"[③]如果在网上搜索男女工比例的话，明显的结果是女性大大高于男性的。原因是现在一些服务行业、手工劳作的行业需要大量廉价的劳动力。纺织、餐饮、电子加工、制衣、手工制作业等，女性职员的比例非常高，但是，一些并不存在男女性别差异(对身力要求不严)的行业，比如国家机关、政党和社会团体，1997年女性占23.4%，2001年占24.8%，[④]增长幅度非常的小；而2000年，女大学生的比率已经占到大学生人数的41%了。可见，

---

① http://learning.sohu.com/20070912/n252096257.shtml

②《马克思、恩格斯、列宁、斯大林论妇女》，第128页。

③《妇女人权的理论与实践》，第180页。

④同上，第183页。

并非女性文化素质低造成了在一些社会认可度较高的行业女性所占比率的低下。同样招聘大学毕业生，很多单位明目张胆地打出"限招男性"的标注，这种匪夷所思的事情再次告诉我们，对妇女的歧视并没有彻底根除。很多单位拒招女生的理由竟是女生假期太多，不适应劳动强度太大的工作；女生要请婚假、产假，哺乳期和生理期还得特殊照顾。这样反人类的理由竟然也能冠冕堂皇地拿出来当众宣讲，简直不知人世间有"羞耻"二字。没有妇女为人类自身生产作出的特殊贡献，哪有人类的持续发展呢？另外，同工同酬、公平晋升等在我国目前的部分企业中亦是一个较大的问题。

"像我们现在这样对待妇女是不道德的，我们的生存本身有赖于我们作出改变，我们在这里讨论的问题，不单单是涉及作为一个特殊群体的妇女的问题，是涉及建设一个新的、比较公平的世界的问题。"[①]中国妇女发展纲要（2001-2010年）中规定的"消除就业性别歧视，实现男女平等就业，保障妇女劳动权利，妇女从业人员占从业人员总数的比例保持在40%以上"[②]的目标还没有真正实现，特别是在一些关键领域，情况更加不乐观。

第四，妇女享有同男子平等的人身权。

妇女的人身权问题主要体现在健康权和性骚扰问题上，同时，家庭虐待也是一个十分严重的问题。看过《白毛女》的人都知道，旧社会把人变成"鬼"，新中国使"鬼"变成人。在马克思主义妇女观的科学指导下，宪法和法律规定，妇女在我国享有人身不受侵犯的基本权利。2009年3月8日，联合国秘书长潘基文给国

---

①《非政府论坛在北京》，第85页。

② http://news.xinhuanet.com/ziliao/2003-09/03/content_1061214.htm

际妇女节的致辞说："暴力侵害妇女行为直接有悖于《联合国宪章》作出的'促成大自由中之社会进步及较善之民生'的承诺。"[①] 新中国成立以来，我国妇女的地位实现了历史上最深刻的变革，当家做了主人。但问题依然存在，至2000年，我国部分地区（如西藏）的孕产妇死亡率还是高达10万分之466.3，而部分地区（如山西）育龄妇女生殖保健率甚至不到60%。[②]

在我国，潜在的和显现的性骚扰事件并不鲜见。语言挑逗、手机黄色短信骚扰、公交车和地铁上的色狼侵犯、办公室骚扰、网络色情文字和图片的骚扰、直接的流氓侵犯等等。口头、行为、环境等性骚扰无处不在。中国妇女发展纲要（2001-2010年）中规定，要提高妇女生殖健康水平，贯彻落实《中华人民共和国母婴保健法》，不断完善妇幼卫生法律法规及政策，保护妇女的健康权利，保护妇女的人身权利，禁止针对妇女的一切形式的暴力。[③] 那么，我国妇女事实上的人身权得到如愿以偿的保障了吗？没有。在70名31岁以上的被调查者中，有52人（占74.29%）表示，无论是关于性骚扰的听闻还是女性实际感受的威胁，近十年都比以前有所增加。[④]2005年公布的一项中华女子学院的调查表明，被调查者中，32.7%的女性遭遇过性骚扰。[⑤]在遭遇性骚扰的对象中，上级对下级的骚扰最多。许多女性是在工作场所受到伤害的。性骚扰对受害人影响最大，侵犯了女性的个人尊严和自主自愿的性权利，对妇女的精神、心理、身体、家庭生活等带来了许多灾难

---

① http://www.un.org/chinese/sg/2009/women.shtml

②《妇女人权的理论与实践》，第223页。

③ http://news.xinhuanet.com/ziliao/2003-09/03/content_1061214.htm

④《中国妇女研究十年》，第135页。

⑤同上，第172页。

性的负面影响。而这种恶行的猖獗对社会道德起到腐蚀的作用，为道德秩序的倒退推波助澜，不利于社会的稳定。随着我国三资企业的兴起，在这些企业里面，男性对女性的骚扰，特别是男性上司对女性下属的性骚扰已经成为一个亟待解决的重大问题。这些来自国外的许多老板，带着资本主义腐朽思想的毒瘤，值得警惕。

另外，家庭暴力还时有发生。中国有句老话："打是亲，骂是爱。"很多男人以此为自己的暴行辩解。而女人在面对家庭暴力时，很多人只是自我埋怨，认为是自己"命不好"，不会采取正当手段维护自己的权利。1996 年湖南省长沙市在全国率先出台《关于预防和制止家庭暴力的若干规定》，到 2007 年 1 月为止，中国已有 25 个省、地区、市、县相继出台了预防、制止家庭暴力的地方性法规或法规文件。[①]但很多地区至今仍然没有专门针对家庭暴力事件的法规出台。2004 年 3 月份《中国青年报》刊登了全国妇联的一项调查，在中国 2.7 亿个家庭中，大约有 30% 存在家庭暴力，有 16% 的女性承认遭受过配偶的暴力。[②]在百度网上只要输入"家庭暴力事件"的关键词，立马就会出现许多的典型事件。据估计，真正报道的还不到 10%。[③]有些妇女不懂得如何使用受法律保护的权利或者说不知道应该怎么办，大部分受害者隐匿不报，不愿起诉虐待她们的丈夫。我国在维护妇女人身权方面，还有很多艰难的课题等待攻克。

除了上述种种，妇女对生育权的自主掌握、财产权（包括继承权和农村妇女的土地使用权等）、经济困难妇女的社会救助权利等等方面，现阶段我国还未能妥善地解决。随着现代化脚步的

---

① http://blog.sina.com.cn/s/blog_607bfcb90100daf4.html

②《妇女人权的理论与实践》，第 283 页。

③ http://www.fx120.net/eden/200406/eden_236204.html

加快，有些问题得到了一定程度的解决，有些问题解决得很好，而有些问题的解决则任重道远。性沟，一直困扰着追求男女和谐的人们。

二、性沟难以弥合的原因

在我国，性沟之所以依然存在，某些方面甚至有扩大化的危险，原因是多方面的。总的来说是与我们社会主义初级阶段的基本国情分不开的。并非马克思主义妇女观失灵，而是这个国情决定了马克思主义妇女观在多大程度上起作用。当然，随着现代化的进一步发展，我国的经济将更加发展、民主将更加健全、科教将更加进步、文化将更加繁荣、社会将更加和谐、人民生活将更加殷实，在马克思主义妇女观的科学指导下，男女两性关系也一定将更加和谐、美好。

目前，我国男女“性沟”依然存在的原因主要是：一是几千年的封建传统思想根深蒂固，男尊女卑了几千年，残余思想死而不僵、腐而不朽。中国的封建文化制度经过几千年的教化与完善，已经渗透到传统文化的每一个毛孔，祖国河山的每一个角落。男性在创造与传播文明的同时也不断地向女性施加野蛮的统治。新中国建国至今才短短六十余年，不可能在如此短暂的时间内肃清历史遗留的余毒。二是我国法制建设还不完善，公民的法制观念还不强，依法治国还没能完全实现。封建道德不能约束人们走上男女平等的道路，新型社会主义道德尚在发育和逐渐形成之中，必须要依靠法律的力量规范人们的言行。而我国是在人治的社会开辟出法治的新壤，难度之大可想而知。宪法和妇女儿童保护方面的法律尽管已经初步建立，但各种具体法律部门现在还是哪里有漏补哪里。比如对家庭暴力、妇女卖淫、性骚扰、社会歧视、“二奶”问题等，还没有专门的国家法律，仅仅制定了一些地方性法规。

三是改革开放以来，西方腐朽思想纷至沓来。走现代化的道路，改革开放是面双刃剑，一方面促进国家经济的发展，为社会主义建设带来新技术、新方法、新思维、新设备、新资金，另一方面也使得各种资本主义腐朽思想有机可乘，钱色交易、肉体买卖、性解放等资产阶级轻浮、放荡、玩世不恭、不负责任的人生态度和处世原则被一些无知的青年所接受，部分人过于崇洋、一味崇洋，以至于有人担心当代青年会成为“垮掉的一代”。四是青少年的马克思主义妇女观教育抓得不紧，没有从战略高度来重视马克思主义妇女观教育的重要性。思想是行动的指南，有什么样的世界观就会产生什么样的行动。马克思主义妇女观不能武装人们的头脑，资本主义和封建主义的错误思想就会占据人们的精神领域。在这场非此即彼的较量中，对马克思主义的信念还需要加强，立场应该更加坚定，抉择需要更加果敢，方向应该更加明确。

现代化是一个系统工程。经济现代化是举足轻重的，但文化现代化、政治现代化必须同时并举，不可偏废。倘若经济搞上去了，而占国民一半的女性不能共享现代化的成果，则此等现代化终究是不成功的。人总是在一定的文化传统中成长，而经济全球化的步伐也同样不可阻挡，在这样的条件下，我们就要充分认识传统文化和外来文化的利弊，辩证分析，合理取舍。所以，构建和谐两性关系，对我国来说，既要苦练内功，也要适当借助外力；既要剜脓疮，也要进补药。在中医理论中有这样一种说法：“急则治其标，缓则治其本。”而要想使病症根除，需标本兼治。治标，是因为有些东西不立即整顿就会出乱子，比如性骚扰问题、女生就业问题、家庭暴力问题。治标更多的可以借助法律。治本，是因为我们已经是社会主义国家了，人民当家做主了，可以而且应该从源头算老账慢慢清理男女不平等的根源。比如传统封建思想的根除，用马克思主义妇女观武装人们的头脑等。

第二节　构建我国社会主义两性和谐的途径

一、和谐社会的构建要求在现代化进程中实现两性和谐

社会和谐是中国特色社会主义的本质属性。两性和谐是社会和谐的有机组成部分和重要表现，二者是内在统一的。没有两性和谐就没有社会和谐，没有社会和谐也不可能实现两性和谐。两性和谐与社会和谐既是局部和整体、要素和系统的关系，又是原因与结果、表象与本质的关系。两性和谐是社会和谐之一部分，是社会和谐的要素之一，尽管按照系统论的观点，系统在要素与要素的相关性中产生出高于要素的整体性或系统质，系统的功能也不能还原为要素的功能和性质。但是，离开了要素，系统就会无法运行。同时，也可以说两性和谐是社会和谐的原因之一，两性和谐是社会和谐的表现之一，两性和谐推动社会和谐，构成社会和谐的动力，因而真正和谐的社会，两性一定和谐，两性和谐又是社会和谐的表现。构建社会主义和谐社会是贯穿中国特色社会主义事业全过程的长期历史任务，两性和谐既是它的结果，又是它的根本要求。要通过加强立法、严格执法、加强社会主义新型道德建设、普及马克思主义妇女观教育等方式，巩固和增强妇女的主人翁地位，不断改善妇女的生活，提高妇女的医疗卫生水平，鼓励妇女接受高层次教育，促进妇女正常就业，抵制和防止腐朽思想的侵蚀、打击侵害妇女身心健康的行为，言行一致地为全社会的性别和谐努力奋斗。实现社会公平正义是中国共产党人的一贯主张，是发展中国特色社会主义的重大任务。[①]而男女两

---

①《高举中国特色社会主义伟大旗帜，为夺取全面建设小康社会新胜利而奋斗——在中国共产党第十七次代表大会上的报告》第17页。

性的公平正义是社会公平正义的基本的内容，两性关系尚不能做到公平正义的话，社会的公平正义就是一纸空文、毫无意义。要按照民主法治、公平正义、诚信友爱、充满活力、安定有序、人与自然和谐相处的总要求和共同建设、共同享有的原则，着力解决妇女最关心、最直接、最现实的利益问题，不要花架子，不玩空手套，扎扎实实地为两性和谐多做调查研究、多干实事好事。努力形成男女两性各尽其能、各得其所而又和谐相处的局面，为整个社会的和谐创造良好条件。

进步的目标或理想不是超历史的彼岸设定，而是从人类实践的历史中产生和提出的。社会进步是由人的历史活动创造的现实，也是基于现实进一步发展的趋势而提出的变革现实、超越现实的要求。[①]为了社会能够健康地发展，真正实现社会的进步，就需要确立正确的社会进步的观念和合理的社会进步评价尺度。社会进步，指的是社会合乎必然性的前进发展，是社会由旧的历史时代向新的历史时代的转变。实现妇女彻底解放体现了社会进步的要求， 是全世界进步人士的共同愿望。从贬低、轻侮、歧视妇女到爱戴、团结、尊重妇女，体现了人们价值尺度的变更，而这种变更更加接近社会进步所指向的理想目标。正如马克思 1868 年 12 月 12 日致路德维希·库格曼时说的：“每一个了解一点历史的人也都知道，没有妇女的酵素就不可能有伟大的社会变革。社会的进步可以用女性（丑的也包括在内）的社会地位来精确地衡量。”[②]现代化建设不仅应该为中国特色社会主义事业增加物质财富，也应该促进社会的和谐，而首先应该是人与人之间的和谐，

①李秀林等主编．辩证唯物主义和历史唯物主义原理．北京：中国人民大学出版社，2004：321.

②《马克思恩格斯选集》（第 4 卷），第 586 页。

包括男女之间的和谐。

二、用马克思主义妇女观指导我国两性和谐社会的构建

军队没有现代武器，是不能作战和胜利的。[①]伟大领袖毛主席在 1949 年 6 月 30 日所写的《论人民民主专政》中指出："感谢马克思、恩格斯、列宁和斯大林，他们给了我们以武器。这武器不是机关枪，而是马克思列宁主义。"[②]马克思主义妇女观是马克思列宁主义的重要组成部分，是党和国家妇女工作和两性和谐建设的指导思想。妇女解放运动的实践环境随着时代的发展、社会的进步在不断地变化。实践永无止境，创新永无止境。新时期最突出的标志是与时俱进，我们党坚持马克思主义的思想路线，不断探索和回答什么是社会主义、怎样建设社会主义，建设什么样的党、怎样建设党，实现什么样的发展、怎样发展等重大理论和实践问题，不断推进马克思主义中国化。在马克思主义妇女观的指导下，中国的妇女运动取得了举世瞩目的成就，创造出了令世人震惊的成绩。新中国的妇女尽管如前所述，在很多方面还存在一些利益的缺席和受损现象，但总的来说，成绩是主要的，看不到这个主要方面，我们就会对马克思主义妇女观失去信心，动摇我们的理想信念；同时，不足也是客观存在的，我们不是主观唯心主义者，不管我们是否感知，是否重视，问题的存在都不能使我们掉以轻心。马克思主义妇女观之所以在中国发生这么大的作用，"是因为中国的社会条件有了这种需要，是因为同中国革命的实践发生了联系，是因为被中国人民所掌握了。任何思想，如果不和客观的实际的事物相联系，如果没有客观存在的需要，

①斯大林．论苏联伟大卫国战争．北京：人民出版社，1954：135.

②《毛泽东选集》（第 4 卷），第 1469 页。

如果不为人民群众所掌握，即使是最好的东西，即使是马克思列宁主义，也是不起作用的。”①

可见，马克思主义妇女观成为中国妇女运动和妇女工作的指导思想，并不是强加给它的，而是由马克思主义妇女观的本质和中国社会的实践需要决定的。首先，马克思主义是无产阶级解放事业的理论武器，是为最广大人民谋福祉、代表最广大人民根本利益的科学世界观和方法论。它的最为突出的特征是实践性：来源于实践斗争，指导着实践活动，受实践的检验，在实践中不断与时俱进的发展理论本身，反过来指导新的实践。所以马克思主义又具有科学性的特点。同样，作为马克思主义的重要组成部分的妇女观，它来源于妇女运动和阶级斗争的实践活动，是用以指导阶级斗争，实现妇女完全解放的指导思想，在长期的革命实践活动和妇女运动中，马克思主义妇女观得到了检验，并随着实践的发展而不断走向完善，因而它完全可以指导未来的妇女运动和妇女工作。其次，中国的现实土壤需要马克思主义。从洋务运动到太平天国运动，从戊戌变法再到辛亥革命的实践证明了中国的出路指向社会主义、共产主义。近代中国的仁人志士寻求救国救民的道路，尝试过走生产自救、发展实业的洋务运动，尝试过农民起义、资产阶级改良运动、资产阶级革命运动，但最终都失败了。历史雄辩地告诉我们：只有社会主义才能救中国，只有社会主义才能发展中国。同样的，也只有马克思主义妇女观才能拯救处于水深火热之中的中国广大劳动妇女。中国的妇女绝大多数属于无产阶级阵营，是具有坚定革命性的战斗力量。她们最为欢迎彻底革命的马克思主义及其妇女观。再次，经过革命战争洗礼的中国

①《毛泽东选集》（第4卷），第1515页。

广大妇女群众以及男性同胞，他们中的许多人已经基本掌握了马克思主义妇女观的基本思想和方法。特别是经过李大钊、瞿秋白、毛泽东、江泽民等的发展，马克思主义妇女观已经具有了一定的中国气派和中国作风，形式上为中华儿女喜闻乐见，内容上不尚空谈有极强的操作性。《共产党宣言》发表一百六十多年的实践证明，马克思主义只有与本国国情相结合、与时代发展同进步、与人民群众共命运，才能焕发出强大的生命力、创造力、感召力。这也是马克思主义妇女观之所以成为我们党和国家妇女运动和妇女工作的指导思想的原因。

与时俱进是马克思主义的理论品质。建设中国特色社会主义的两性和谐，在马克思主义妇女观上就应当坚持解放思想、实事求是、与时俱进，勇于变革、勇于创新，永不僵化、永不停滞，不为任何风险所惧，不被任何干扰所惑，使中国特色社会主义两性和谐的道路越走越宽广，让当代中国马克思主义妇女观放射出更加灿烂的真理光芒。

三、在实践中扬弃西方女性主义思想

指导思想不能搞多元化。不管我们在多大程度上承认女性主义的合法性，不论我们有没有对女性主义包容的胸襟，或是在多大程度上容允它在实践和理论领域的扩张，女性主义都不能取代马克思主义妇女观而成为指导我们妇女工作的思想理论。资产阶级标榜“思想自由”，但以个人主义为主要内容的世界观和价值观，始终是资本主义社会占统治地位的思想。因此，对我们来讲，也无论经济社会怎样的变革、价值观念怎样的多样化，我们都要坚定不移地坚持以马克思主义为我们唯一的指导思想。而这种指导思想的一元化，并不会影响我国思想文化的繁荣和发展，这是因为：首先，迄今为止，没有什么别的理论能够像马克思主义那样为哲学社会科学提供正确

的立场、观点和方法，能够为哲学社会科学创新发展不断打开广阔视野，注入新的活力，开拓新的境界。其次，坚持指导思想一元化，不会影响我们贯彻“百花齐放、百家争鸣”的方针。其三，坚持指导思想一元化，不会影响我们吸收和借鉴包括西方发达国家在内的、世界各国人民创造的有益思想文化成果。[①]

同时，女性主义事实上已经在社会学、政治学、哲学、文学、艺术设计、管理学，甚至建筑学、医学、经济学等学科蔓延渗透。不论我们有没有对女性主义包容的胸襟，或是在多大程度上容允它在实践和理论领域的扩张，女性主义在至今的妇女解放之全过程中所起到过的非常作用和正在发挥的积极功能都不会因此而消殒。马克思主义妇女观既是与时俱进的科学理论，同时也是一个包容性很强的开放的思想体系。它勇于和善于汲取人类社会创造的一切优秀文明成果。正是因为这样，才使它既能海纳百川、博采众长，又能扎根实践、坚持根本。

前文已经提到，在马克思主义妇女思想史上，恩格斯、斯大林、李大钊等对女性主义颇有微词。这种“微词”在我看来也是非常必要的。女性主义的阶级本性不会因为某些得体的具体措施而改变，它始终代表最广大中产阶级的利益，而不是无产阶级的利益。如果，把千头万绪的女性主义思想简单化为“在全人类实现妇女解放”[②]而把这种价值普遍化，显然是草率的。女性受压迫、受歧视的屈辱地位的状况自私有制产生以来就一直存在着。两百多年的女性主义光荣的历史曾经在妇女运动史上掀起过三次大波，每一次都取得了骄人的成绩。第一次女性主义浪潮是现代化刚刚

---

①中共中央宣传部理论局．六个“为什么”——对几个重大问题的回答．北京：学习出版社，2009：8.

②《女性主义》，第 1 页。

起步时开始的，它至少为女性争得了表面的，或者法律上的部分平等，使一部分地区的妇女获得了选举权和受教育权。第二次女性主义浪潮是现代化在欧美扩展、深化的时候开始的，女性主义在同工同酬和争取女性特殊权利上作出了艰辛的斗争。而随着现代化在全球的扩张，全球化、信息化社会的到来引起了后发国家的追赶意识。女性主义的普世价值的姿态受到质疑。后发现代化国家认为女性主义者并没充分考虑落后国家的具体国情，是一种文化霸权。民族特征和种族特征在遭遇女性主义时会突然感到这种女性主义的欧美白人妇女的颐使气指的气息。黑人妇女和第三世界国家妇女的切身利益被忽略。种族、民族的隔阂不能消除，女性主义者很难达成一致的结论。对女性主义思想言听计从似乎的确不是女性解放和构筑和谐两性关系的良药。

市场经济中有一个很糟糕的现象，那就是不一定任何一种交易都物有所值。我们改革开放三十多年在国外引进的很多技术和设备都是发达资本主义国家所废弃的东西。当我们视为宝贝一样的引进来以后，在生产实践中才发现原来是废铜烂铁。这是市场的盲目性，准确地说是市场的欺骗性。等价交换是抽去了所有可能的“意外”而理想化的模式，甚至抽去了人可能存在的任何私心杂念。女性主义被我们引进来的时候，一些妇女发出了激动人心的尖叫。一些为女性打抱不平的男人也大肆鼓掌欢迎。但当我们发现另一个极端出现——激进女性主义的少数人要闹女同性恋——的时候，男人和正常的女人才感到事态严重了。

在学术界有点争鸣是好的，总比一言堂令人感到舒服。马克思主义妇女观和西方女性主义妇女观的交锋向来很少得到马克思主义阵营的有效回应，这在理论上和实践中都是不正常的。伟大领袖毛主席就鼓励百花齐放、百家争鸣。不“争”不“鸣”就会为敌对势力壮胆，它们暗自乐呵着，以为自己正在传播着放之四海而皆准的救世真理。不明真相的群众往往偏听则暗、误入歧途，对马克思主义妇女观提出质疑。女性主义在对待马克思主义妇女观时是毫不手软的。马克思主义女性主义、社会主义女性主义甚至带上马克思主义和社会主义的高帽，以马克思主义和社会主义的研究者自居。试图发现几个致命的漏洞，以置马克思主义于死地。面对挑战，我们不能不“争”不“鸣”，而要挺直腰板据理力争。用摆事实、讲道理的老法子来说服我们的朋友；用针锋相对、寸步必争的方法来对付我们的敌人。

正如前面反复强调的，女性主义并不是非“鲜花”即“毒草”的东西。因为女性主义并不是铁板一块，而是四分五裂的一群思想者和他们的思想的统称。我们对待外来文化有一个现成的好办法，就是取其精华、去其糟粕。女性主义在发展妇女具体权利方面有许多值得借鉴的经验，我们要大胆地引用。比如妇女参政权、教育权、生育权、保健权等的争取，以及争取的途径。而同时我们也要反对那种文化霸权主义，把欧美女性主义思想当作唯一正确的妇女解放理论，这在理论上是错误的，在实践中是有害的。过分强调两性差异、过分强调理想世界的同一性、过分强调（资本主义制度下的）改良道路，以及一切过分标新立异、哗众取宠的做法在现实中并不能为两性和谐带来福音。这是当我们面对女性主义思潮的时候，应该选取的道路：分清是非，疾恶如仇、从善如流。

在面对马克思主义妇女观和女性主义交融共处时，我们尤其要妥善处理。毛泽东在《矛盾论》中就引用孙子“知己知彼，百战不殆”、魏征“兼听则明，偏听则暗”的古训来说明面对矛盾时如何防止片面性。[①]与女性主义共处于当代妇女运动的圈子中，

---

①《毛泽东选集》（第1卷），第313页。

马克思主义妇女观不但要能够深刻、准确地发现女性主义的不足和缺陷，认识到马克思主义妇女观的优越性。同时也要对自身进行反省，并不断从女性主义那里发现、吸取一些真理颗粒。马克思主义妇女观和西方女性主义，就总体来讲，一个是属于无产阶级劳动群众的妇女解放理论，另一个是资产阶级知识女性的平等思想和公平观念。

马克思主义者是实干家，不是“知识里手”，[①]但我们在嘲笑“知识里手”唯心主义的“奇思怪想”时，不妨冷静地思考它们在某些方面的正确性。而这些往往正是我们所不曾想到的问题。毛主席在《党委会的工作方法》一文中讲到领导干部要学会“弹钢琴”，指出：“弹钢琴要十个指头都动作，不能有的动，有的不动。但十个指头同时都按下去，那也不成调子。要产生好的音乐，十个指头的动作要有节奏，要互相配合。”[②]毛泽东是针对我们有些干部做工作顾此失彼而打的一个比方。但在对待女性主义和马克思主义妇女观问题上，我认为也应该是“弹钢琴”的方式比较妥当。在这个弹奏过程中，马克思主义妇女观是主旋律，而女性主义和其他思想是和声。主旋律让我们知道“现在该唱什么歌”，而和声使得这种“歌”不至于单调乏味。和声再重要，不能盖过主旋律，否则就不成调子；反过来，也不能十个指头“有的动，有的不动”。各种思想文化相互交融激荡的今天，坚持社会主义核心价值观和发展多元文化应该同时并举。这样我们的理论和实践就会不寂寞、不自大、不盲从。两性完全和谐的社会理想就会因为荟萃全部人类思想精华而早日实现。

---

①《毛泽东选集》（第1卷），第287页。

②同上，第1142页。

第六章　新媒体时代两性关系的机遇与挑战

早在上世纪90年代初，互联网被进一步开发利用，“随着更多的妇女接触互联网，进入曾经几乎完全由男性主宰的领域，对性别和互联网通信的研究不断增多”。据说，“最早发表的有关性别与互联网通信的研究是在80年代末，那个时期有一种普遍的乐观态度，认为互联网的潜力会为一向处于从属地位的群体提供更多的机会……通过使用计算机网络可以与异地的妇女进行联系，方便了基层女性主义者开展活动”。[①]关于女性解放与互联网之间的那种或明或暗的指向性研究，已经得到了学术界的广泛呼应。研究者认为，“1996年至2000年间，互联网作为一种新媒体刚刚开始在中国普及，就有研究者注意到妇女运动可以利用互联网表达自己的声音”，不过，“妇女对网络资源的获取、利用与掌握都非常有限”。[②]网络技术的开发利用使很多人为之鼓舞，一个被称之为“赛博女性主义”的理论流派和行动主张出现在公众视野中，它认为女性通过拥抱技术、运用新媒体而获得

①刘霓．信息新技术与性别问题初探．国外社会科学，2001，（5）．

②卜卫．中国大陆媒介与性别／妇女研究回顾与分析（1995-2005）．新闻与传播研究，2006（5）．

空前的解放。[①]赛博女性主义（或称“网络女性主义”）顺应新媒体技术发展的趋势，“鼓励妇女在网络社会中争取主动，充分利用网络技术，成为男权思想和体系的颠覆者，运用新媒体来实现女性解放的目标”。[②]

互联网的发展为女性解放提供了机遇，这是来自国内外的研究共同宣称的东西。但是，这种宣称并没有得到所有人的赞同，反对的声音不绝于耳。英国学者胡斯关于“高科技无产阶级”的论述中对高新技术在解放妇女这一重大现实问题上着怀疑的态度，甚至说，她根本就反对通过技术手段使女性获得解放（至少对此表示质疑）。高科技的发展进一步使女性“无产阶级化”，即处在男性社会的对立面。

对互联网使男女彻底实现平等的臆想会断送妇女运动的成就。这种技术决定论无视虚拟社会是现实社会的虚拟化的客观实际。那种对女性的消费主义态度在互联网上比比皆是。用数字鸿沟用来解释男女平等或者不平等的做法显然是荒诞不经的。至少从“决定性”的角度来看，互联网的使用率并不能充分说明使用者的地位与实际获利。有目共睹的是互联网上的“三低”现象，即所谓的年龄低、收入低、社会地位低，这是一个不容忽视的视点。如果这种号称建立在实证调查基础之上的结论是确定无疑的，那么，互联网上与日俱增的妇女人群正说明妇女在社会现实领域中得不到应有的尊重和肯定。早些年还有人在研究证明互联网的使用率与妇女解放之间的关联。薛伟贤和董维维就认为，“实际上，互联网比其他领域更早体现出男女平等，但与国外相比，中国无

---

①黄鸣奋．赛伯女性主义：数字化语境中的社会生态．吉首大学学报：社会科学版，2008（5）．

②杨纪平．论欧美网络女性主义思潮．小说评论，2010（9）．

论是男性还是女性的互联网普及率均不高”。[①]似乎只要能够提高妇女在互联网上的行动力量就能挽回妇女在现实世界失去的实践机会和完整人格。很明显，这种认识是肤浅的。但是，我们丝毫不反对这样的结论：互联网的确有着得天独厚的对妇女的偏爱和对两性和谐的技术性机制。

“互联网的虚拟性、开放性、平等性、去中心化，在一定程度上对推进性别平等带来了某些有利因素，女性主义者希望能够利用互联网这个平台塑造真正的男女平等文化，然而，他们很快发现这一愿景隐藏着忽视‘社会—文化’背景的话语陷阱：‘女性今后将可能因为缺少计算机知识而无力在技术职业市场上与男性竞争，从而造成‘数字技术性别化’的状况”。[②]这种忧虑的神情令人扼腕叹息，仿佛新媒体技术是一种有着深奥垄断性信息机密的东西。

如果我们从使用计算机的角度来看，如今对新媒体技术的一般性掌握并不需要精湛的数理知识或者语言技能的支撑，“互联网的平易近人已经使人们忽视了这东西居然还是一件伟大的技术发明。所以，有关技术垄断可能导致男女不平等的发声乃是无病呻吟。移动互联网的便捷性和开放性有目共睹。有人认为，互联网的隐匿性似乎可以缩小男女不平等的差距，为女性带来话语平台。”[③]这“似乎”二字令人立刻产生不安的情绪。新媒体不是万能钥匙，尽管它的确可能存在“赋权”与“赋能”的独特功能。

---

①薛伟贤，董维维．我国数字鸿沟的社会效应分析．情报科学，2008，(10)．

②周兴生．大学生网络使用的性别差异分析．青年探索，2014(1)．

③王旭婷．解读门户网站女性频道——以SINA“伊人风采”为例．艺术教育，2007(2)．

但妇女解放指望新媒体而毕其功于一役恐怕是不可能的。如果虚拟社区的确是人的生存的现实空间，那么，新媒体时代的女性的确拓展了自己的生存空间。如果虚拟社区仅仅是“三低”用户的避难所，那么妇女逃逸至网络虚拟空间就令那些技术决定论的贩卖者满地羞愧。

第一节　新媒体时代的一般特征及其性别机制

一、性别视域下的新媒体一般特征

布朗和杜德奎宣称：“信息和个人必然并且永远是丰富多彩的社会网络的组成部分。”[①]新媒体时代的到来，是信息重新构建了社会，还是信息原本就寓于社会结构之中？布朗和杜德奎的观点明显是后者。也有人从权力统治的角度否定网络社会的创新，认为媒介超越政府而获得决定价值取向的地位，从而通过掌握话语权力而在社会中起到至关重要的作用——当然，从“谁掌握了权力，谁就能决定什么是价值”这一论断来看，上述结论产生了一个明显的矛盾，即政治权力就是话语权力，媒介事实上不可能超越它。因此，曼纽尔·卡斯特说：“在这个意义上，网络社会没有创新。”[②]但是，更多的人依然相信，新媒体改变了社会的结构，使人们的生存境遇发生了巨大的变化，并使性别之间的对立和斗争（或者融洽与和谐）关系进入到一个新的阶段。

---

①（美）约翰·希利·布朗，保罗·杜德奎．信息的社会层面．王铁生，葛立成译．北京：商务印书馆，2003：1．

②（美）曼纽尔·卡斯特．网络社会——跨文化的视角．北京：社会科学文献出版社，2009：28．

"控制力革命"或许是一种有关人类目前生存遭际的重要描述。詹姆斯·贝尼格认为这个社会的人与人之间、国家与国家之间的所有层面的控制，包括生产、分配、消费等各个领域，都和信息技术的发展状况有着直接的对应关系。[①]尼葛洛庞蒂也对数字化生存的"分散权力"寄予厚望，他认为数字化生存的赋权本质值得"期待"，因为它取消了权力的"门禁"，从而对整个社会的影响将会超过以往任何时代，人们数字化生存的未来将超越最大胆的预测。[②]而对于全球化以及个人生活的广泛影响，传播学家、社会学家和哲学家都不曾持有怀疑的态度。凯茨和莱斯通过互联网中介通讯的（一分为二的）作用——反乌托邦的思想，认为计算机中介通讯技术与人类生活本质背道而驰，而"乌托邦的观点"则肯定了这种交往"补充和加强了离线活动"——来说明互联网使用的重要社会影响。[③]在凯茨和莱斯看来，无论人们是否接受、是否认同互联网的这种影响（无论是正面的还是负面的），总之，互联网确实对社会产生了广泛而深远的影响。马克思说："一个时代的迫切问题，有着和任何在内容上有根据的因而也是合理的问题共同的命运：主要的困难不是答案，而是问题。因此，真正的批判要分析的不是答案，而是问题。"[④]从两性关系的视角来看，新媒体时代的一系列新特征，对于两性和谐的影响（既有对社会环境的外在影响，又有对心智思维的内在影响）

---

①曼纽尔·卡斯特主编.网络社会——跨文化的视角.北京：社会科学文献出版社，2009：390-403.

②（美）尼古拉·尼葛洛庞蒂.数字化生存.胡泳，范海燕译.海口：海南出版社，1997：269-271.

③（美）詹姆斯·E.凯茨，罗纳德·E.莱斯.互联网使用的社会影响.郝芳，刘长江译.上海：商务印书馆，2007：249-273.

④《马克思恩格斯全集》（第1卷），第203页。

显然是全方位的。

1. 虚拟存在与现实存在的关系。

迈克尔 · 海姆归纳了“虚拟实在”的七大特征：模拟性、交互作用、人工性、沉浸性、遥在、全身沉浸、网络通信。（海姆所谓的模拟性主要是指“数字声学空间”、外观等形成的物理形象模拟；“交互作用”在海姆这里还是受众对电脑指令的一般反应，比如清理回收站；“人工性”大约指称的是“公共生活的计算机化”，然而，更多的是指计算机指涉物的大量增加；“沉浸性”就是指诸如立体声学效果产生的幻觉；“遥在”的一个对应概念就是“在场”，机器人代替人工，而无需人的亲自在场；“全身沉浸”指的是人的全部感官都在人工（计算机）环境中，获得一种真实的效用；“网络通信”强调的是虚拟世界与电话是共享的构造。总之，在海姆的那个年代，他的研究尽管不具有长远的预言价值，但是，作为一种形而上学的询问，他的研究已经获取了那个时代较高的学术价值。）[①]在 20 世纪 90 年代初期，海姆的研究是具有前沿价值的，尽管如今看来早已时过境迁。技术上虚拟化已经成熟，服务器虚拟、存储器虚拟的技术已经比较完善，它对社会组织进行虚拟化运作、降低成本、提高效率的经济效用并非此处需要论述的重点，重点在于人在新媒体生活中的全面虚拟化。在新媒体时代，人不但可以“化身”为他人，而且可以“分身”成不同的社会角色，不但可以隐身、匿名，还可以变更 IP 地址、更改网络痕迹。在现象和本质、虚拟和实在之间，新媒体横设了种种沟通的障碍。透过现象看本质的困难增加了，人在各种虚拟信息中对事物的不信任感也随之增加了。然而，新媒体依然狂欢

---

①（美）迈克尔 · 海姆 . 从界面到网络空间——虚拟实在的形而上学 . 金吾伦，刘钢译 . 上海：上海科技教育出版社，2000：113-119.

不止，似乎并没有因为虚拟化而导致人们对它的厌弃，相反，人们只有沉浸在新媒体之中，才能获得一种存在感。这种虚拟存在的“我”到底是“本我”、“超我”还是“自我”？是虚拟环境建构了当下人的独特性，还是人们构建了当下社会的虚拟环境（或者是二者的互动，这种互动的机制又是什么呢）？虚拟自我、概念产品、虚拟财富（Q 值、论坛币）等，广泛的虚拟化使人对社会（连同人自身）的认知陷入了迷离状态。这是新媒体时代人的生存所面临的首要问题。

传统媒介时代如果建立在所谓的实在世界的基础之上的话，那么，这种实在世界受到来自媒介的暴力是显而易见的。女性在实在世界的地位受到的歧视据说来自于女性自身的因素，而这个“女性自身的因素”是男权社会长期压制女性的教化和实践空间所造成的。正因为诸如“女子无才便是德”这样的荒谬结论长期霸占了人们的头脑，武装到那种性别极端主义者的灵魂深处，从而造成了妇女在体力和智力上的相对劣势。这个相对的劣势在体力上是自然造物的天然结果，它并不告慰男性以身强力壮的优越感，事实上，这种优越感并非来自躯干的粗壮和魁梧。这里仅从感性的生活世界来看，男性占领了工厂、农田和一切重要的生产部门，这是近代以降的重要社会变化，而女工则当作更为廉价的力量被役使。女性被召唤到重要生产领域的辅助部门，或者重要生产领域的廉价岗位。这种歧视是基于女性在身体上的娇弱来策划和决定的。而女性在智力上的任何“低劣”之处并不明显，除非在教育和培训上坚持那种男性优先的霸王条款。科学技术或许改变了依靠体力来权衡一个人的能力大小和贡献大小的社会生产机制。传统媒介“以点到面”的“召唤式”话语方式限制了女性的发声机会，而新媒体则给予人们新的希冀。两性和谐在虚拟社区和现实生活中有着不同的发展轨迹。性别的跨界以及性别主体性的确认在新媒体虚拟空间获得了全面的技术支撑，这一方面可能导致性别“欺骗”（模糊化）的重大麻烦，另一方面也提供了人的心理性别选择自由的广阔空间，再一方面还为性别之间的交往提供了尝试和交流的缓冲地带（交往对象对性别取向的机密需要在一个相对隐秘的空间表达出来，以确保在某种文化氛围中的安全感——避免来自强势文化机制的制裁和恐吓）。就此而言，新媒体时代的虚拟存在与现实存在之间的可沟通性就为两性和谐（有必要声明我这里所讲的两性和谐乃是性别和谐，以免陷入性别二分法的简单粗暴立场——本书前后文在讲到两性和谐与两性关系时均采用这一说法）的进一步发展提供了契机。

2. 追求确定与信息过剩的关系。

英国学者韦伯斯特援引罗斯扎克有关“量化信息”的论述称：“信息带有安全的中立特征；研究者堆砌的数据意味着无懈可击的事实，这既简单，又有助益。”[①]当人们和世界变成一堆数字以后，人们对确定性的追求似乎变得日益现实起来。确定性这个人们千百年来追求的生存论形而上学语境，在一切都数据化的时候，显然令人遐想到迎接它的未来并不遥远了：世界已然数据化，确定性还会遥远吗？进化论的线性思维模式在新媒体时代似乎遇到了阻碍。确定性并没有在大数据到来之际获得令人满意的回应；相反，大数据的混杂性、不规范性已经使原来的“样本研究”陷入了困境。在“样本即全体”的大数据时代，新媒体生存给人以一种模糊的指向：人们只能在这个模糊不清的指向中获得教益。

舍恩伯格和库克耶说道：“如今，我们已经生活在信息时代。我们掌握的数据库越来越全面，它不再只包括我们手头现象的一

①（英）弗兰克·韦伯斯特．信息社会理论．曹晋等译．北京：北京大学出版社，2011：31.

点点可怜的数据，而是包括了与这些现象相关的大量甚至全部数据。我们不再需要那么担心某个数据对整套分析的不利影响。我们要做的就是接受这些纷繁的数据并从中受益，而不是以高昂的代价消除所有的不确定性。”[①]现代性的重要特征之一就是人们对理性的推崇，对人的现世在场的确定性追求，这构成了启蒙的重要内容。大数据时代的到来，新媒体获得了前所未有的爆发，信息的获取变得如此容易，一种新的危机竟然出现了：人们湮没在大数据之中——现代人生活的重要支撑——确定性瓦解了！这该怎么办？丢失了“样本”的大数据在否定了样本选择的“偏见”的同时，也确实增加了更多的不确定性因素，以至于在大数据时代要追问事物的“因果关系”就显得十分冒失了。

舍恩伯格和库克耶认为，大数据时代“通过建立在人的偏见基础上的关联物监测法已经不再可行，因为数据库太大而且需要考虑的因素太复杂”。因而通过确切数据得出必然性答案的探究就成为不可思议的事情了。信息过剩就是在这样的意义上使用的：信息量大到人们在做出选择时无所适从、力不从心，因而，自由选择的余地越大，自由实现的可能性就越小，甚至陷入不自由的境地。舍恩伯格等人认为，“建立在相关关系分析法基础上的预测是大数据的核心”，“通过找出一个关联物并监控它，我们就能预测未来”。而对于这种预测，我们只可能知道机器运算的结论，而无法求解其中的因果关系。在追求确定性的问题上，如今的确遇到了信息过剩这个最大的困难。

性别的确定性追求与性别差异化共存之间存在着二律背反的逻辑。一方面，新媒体时代人们认为信息已经足以丰富到对自身

---

①（美）维克托·迈尔-舍恩伯格，肯尼斯·库克耶．大数据时代：生活、工作与思维的大变革．盛杨燕等译．杭州：浙江人民出版社，2013：56.

性别的指认；另一方面，充斥在网络虚拟世界的信息过度繁荣使“性别自觉”陷入困难。性别自觉即是对性别的自我确认性的拷问和自觉遵守，在依循某种自以为是的逻辑框架和理论基础的前提下反思自己的性别身份和性别地位。性别自觉向来就有，但真正使性别自觉成为一种指向性别和谐的社会理想状态的自觉却是晚近以来的事情。新媒体时代信息量的丰裕让性别自觉获得了社会关照，而个性化的性别追求则在去中心化的、过剩的信息流中得到栖居。就此意义上来说，信息过剩和人们对自我身份的确定性追求是一个矛盾的统一体，它预设了性别问题的艰难和持久。

3. 信息霸权与数字鸿沟的关系。

利莎 · J. 塞文和兰德尔 · D. 萍克特在文章中指出：“信息技术除了使商业、教育、管理和通信发生巨大变化之外，它还影响着诸如贫困和不公平等社会问题的形成。正是‘数字鸿沟’的存在——或者说某些阶层的人口很少能够接触到信息技术——印证了信息技术加剧了现存的不平等问题。”[①]尽管技术确实能够为远离经济文化发达地区的人们送去更好的教育和免费共享的信息，但是，数字鸿沟作为一种新的社会现象，不能不引起广泛的关注。尼葛洛庞蒂当初设想的那种数字化生存的“赋权”本性似乎遇到了挑战：新媒体时代的普通民众（或谓“草根”阶层）能否掌握媒介革命带来的种种便利而获得更加满意的生活，这是一个值得刨根究底的问题。

技术上的垄断或许只有在利莎 · J. 塞文和兰德尔 · D. 萍克特撰写论文的那个年代（本世纪与上世纪之交）才更加明显；现在的新媒体用户已经超越了过去那种状况，移动互联网终端在草根

---

①《网络社会——跨文化的视角》，第 349 页。

阶层普遍被拥有（就目前而言，地域性的数字鸿沟还依然存在）。数字鸿沟必然引起信息霸权的出现。新媒体掌握了社会的“发声器官”而享有引领舆论导向，从而左右民意的重要权力。无孔不入的新媒体使得信息霸权的覆盖面达到前所未有的广度和深度，任何地方任何事件任何细节都不能逃避新媒体的干预。新媒体像病毒一样具有吸附力。[迈克尔·塞勒认为，在台式电脑时代，软件以“固态”存在，严重制约着人们使用的地点和时间；手提电脑改变了这种格局，软件以“液态”存在，然而使用和携带依然不是很方便；智能手机使用后，软件变成了“气态”，我们可以随时随地使用气态的软件了。（见《移动浪潮：移动智能如何改变世界》，邹韬 译，中信出版社，2013，第 11 页）这个比喻充分地说明了新媒体在应用广度和深度上的非同寻常。据中国互联网络信息中心 2013 年 2 月 19 日发布的《第 31 次中国互联网络发展状况统计报告》称，截至 2012 年 12 月底，我国手机网民规模为 4.2 亿，较上年底增加约 6440 万人，网民中使用手机上网的人群所占比重由上年底的 69.3% 提升至 74.5%。] 数字鸿沟产生信息霸权，信息霸权维护和强化着数字鸿沟。这不仅仅是在信息技术的使用上，新媒体在语言（话语）暴力上对社会的影响更加深入到经济、文化和社会生活的肌体中。

凯茨和莱斯的研究则表明：“与互联网的使用相比，互联网意识是一种更大的鸿沟。”[①]这项研究结论的有效性不能仅凭有限数据的支撑，更为重要的问题是，“互联网意识”又将如何产生呢？信息霸权采取的形式不可能是单一的技术控制，更多的情况在于使对立的意见趋于没落（甚至“失声”）。再者，又或许

①《互联网使用的社会影响》，第 86 页。

是理性采取的文化干扰方式（文化干扰又称文化反堵，“就是对主流文化的分裂和破坏，而且常常是出于讽刺和政治目的。由于数字媒介极易受到操控，文化干扰也涵盖了众多网络行为及另类景象，这些另类景象本身已经成熟壮大到可被进一步讽刺和颠覆了”。[①]），谁能说得清呢？[②]技术的意识形态化取材于技术的功利主义内核，而新媒体对性别关系重构作用的大小无疑受到信息霸权和信息鸿沟的阻拦。信息霸权在两性和谐的视域来看，就是男权主义信息的霸权地位，而信息鸿沟不仅表现在妇女在信息获得和信息使用上的弱势，更是表现在信息所承载的内容以及信息的制造和合成方面。

4. 计算理性与感性生活的关系。

也许在一些人看来，男性倾向于理性思维，而女性更倾向于感性生活。那么，正如有的研究者所宣扬的，社会正在经历男性化的转型[③]——它经由理性化的浪潮向着更为精准的方向前进。社会现代性的重要特征之一就是德国社会学家卡尔·曼海姆所说的：“现代社会产生了一系列最高程度地预测的行动以及依赖于一系列压抑

---

①Tom Chatfield. 你不可不知的50个互联网知识 . 北京：人民邮电出版社，2013：118.

②凯茨和莱斯认为：“从历史上看，个体和群体在获得信息的过程中会遇到文化、政治、物理和地理上的许多障碍。尽管互联网使美国和世界各地的很多人得以跨越上述历史上不可逾越的障碍，但‘太难、高花费和不能平等上网’这些持续而合法的挫折依然存在。”（见《互联网使用的社会影响》第105-106页）如今，基本普及而且变得低廉的上网费用并不能再如凯茨和莱斯所言的那样使一些人“上不起网”，但是，相反的是，文化、政治上的障碍真的已经逾越了吗？人工“防火墙”不是一项简单的技术发明，而是文化保守主义和政治诉求的当代表达。技术意识形态化是否成为当前数字鸿沟和信息霸权的重要根源？这是值得深思的。

③汪民安等编 . 现代性基本读本 // 苏珊·博尔多 . 笛卡尔的思维男性化和17世纪从女性特质的逃逸 . 郑州：河南人民出版社，2005：336-357.

和放弃冲动的满足的行动。”[①]这用来描述新媒体社会则显得软弱无力：一方面，人们凡事都要在网上搜索一下，以确定自己思想和言行是否正确，这种“有理智”的网络依赖是否属于理性的行为？另一方面，特别是“微博”诞生以来，新媒体在事件的“创制”上几乎到了疯狂的程度，非理性的特征表现得尤其明显，以至于人们用“众声喧哗”、“乌合之众”这样的词语来形容网络事件的爆炸性发展态势和定格网民的属性。我们必须承认曼海姆的深刻认识：“非理性并非总是有害的。相反，当它作为一股有助于理性和客观的目标的驱力而起作用时，或当它通过升华而创造文化价值时，或当它作为纯粹的激情提高了生活的乐趣而没有因缺乏计划而破坏社会秩序时，它是人类拥有的最有价值的力量之一。”[②]

一方面，世界已然由 0 和 1 组成的字符重新解读和注释为一种新的景观，它是如此青睐人类理性的力量；另一方面，人在自己用理性重构的虚拟世界中则缺少淡定（确定性的存在感）。启蒙运动以来确定的知识标准（客观性、普遍性、必然性、确定性），在新媒体时代遇到了挑战，那是非理性对知识领域的僭越和篡权。人们通过修改知识谱系（比如对维基百科、百度百科的开放性编辑），从而从个人理性的角度出发，达到了人们对集体理性的失忆。据中国互联网络信息中心 2013 年 8 月发布的研究报告：截至 2013 年 6 月底，中国搜索引擎网民规模为 4.70 亿，与去年同期相比增长了 4177 万，同比增长率为 9.7%。中国手机搜索网民数达 3.24 亿，同比增长 25.1%。[③]对网络搜索的热衷反映了人们

①（德）卡尔·曼海姆．重建时代的人与社会：现代社会结构研究．张旅平，译．南京：译林出版社，2011：22.

②《重建时代的人与社会：现代社会结构研究》，第 24 页。

③ 中国互联网络信息中心 .2013 年中国网民搜索行为研究报告，2013-08.

对互联网的知识性依赖，并试图通过新媒体提供的信息建立思维与行动的确定性信念。然而，这与广大网民在网络上发布和修改各种未经思索的内容是如此格格不入。网民在为数据库提供信息的同时，也增加了信息库的混乱。寄希望于计算机精确运算得出的结论，而又不断为计算的展开制造不确定的内容，这是新媒体时代计算理性与感性生活的一对矛盾。“计算机把我们有关自然、生物性、情感或精神的主张置于从属地位。它凌驾于一切人类经验之上，展示它的‘思考’功能胜过我们的思维能力，皆宜支持它君临一切的主张。”[①]然而，计算理性是人类所害怕而又十分向往的，正如当时（1989年）罗杰·彭罗斯在提出“自然和人类思维都可以简化为数学计算”以后，立刻引起了广泛的争论，甚至愤怒。[②]

现实生活中如想区分当今网络世界的理性化或者非理性化是一件十分困难的事情。因为理性化的旨趣显而易见，搜索引擎和大数据分析工具的广泛应用完全能够使人们看上去更加理性，但同样显而易见的是网络虚拟社区令人抓狂的疯野和痴癫，从而在网络虚拟社区似乎更加接近于那种所谓的双性同体的社会。感性化的生存，如果这从那种号称“剁手党”的女性购物大军的角度来看，似乎是确定无疑的，而若从网络事件的疯狂来看，那种网络“约架”以及野蛮“人肉”行为的肆行，则更显男性的粗野。——假如性别上的确能够这样划分的话。如此一来，新媒体便不是提供社会迈向两性和谐的自动机和永动机，它顶多是一种催化剂。

---

①（美）尼尔·波斯曼．技术垄断：文化向技术投降．何道宽译．北京：北京大学出版社，2007：64.

②（德）弗兰克·施尔玛赫．网络至死．邱袁炜译．北京：龙门书局，2011：119.

5. 后现代性与现代性的关系。

现代性如果更加倾向于理性，从而更加倾向于男权统治的话，那么后现代性对“中心”的冒犯以及对“权威”的挑衅则可以当作是一种女性化的发声。新媒体时代既有理性化的一面，也有打倒理性权威意志的一面。计算理性是一种明显的现代性特征，而新媒体生活由于草根文化的崛起，各执一端的文化景象显得迷雾重重，特别是在大数据时代，精确性已经不再重要了（与其说是不再重要，不如说是不再可能）。权威瓦解、来自草根阶层的新的精英不断涌现，异质性的文化共处于新媒体大观园，中心和边缘的界限变得含糊不清，主流和非主流较着劲，正如詹姆逊所言，一切都被“解中心化”了。“解中心”既产生了许多新的自由，又产生了许多新的差异。[①]曼纽尔·卡斯特说道：“网络是没有中心的，其包含的仅仅是节点。每个节点对于网络来说具有不同的关联性。通过更多地吸收并更加有效地处理相关信息，节点就能增强其在网络中的重要性。一个节点的相对重要性并不取决于它的具体特征，而是取决于它为实现网络目标所做贡献的能力。然而，网络的每一个节点对网络的性能来说都是必不可少的。”[②]新媒体时代，“去中心化”作为典型的后现代特性已经获得了技术上的支持，同时在“微博”、互动空间等领域，人的生存的后现代意境如此明显，传统的意见领袖正在削弱，而各种新的“意见领袖”在草根阶层不断诞生，微博红人、精英博主、论坛红人等不断出现。

新媒体因为在意见扩散的过程中，网状节点导致受众的触点

①陈嘉明．现代性与后现代性十五讲．北京：北京大学出版社，2006:349.

②《网络社会——跨文化视角》，第 1 页。

增多、解读的随意性增大，因而在网络上获取意想不到的红火（关注）是常有的事情。加之“网络推手”（专门制造网络事件的人）在利益的驱使下，不顾事情的“真相”，采取各种哗众取宠、吸引眼球的方式，更加快了传统意见领袖的式微。与此同时，现代性还在我们的周围盘旋，现代性所主导的那种带有科层制意味的意见领袖，它的金字塔结构的塔尖在新媒体浪潮中被抹平了。甚至连信息民主的口号都是来自草根阶层的呼唤。由于起主导作用的文化旗帜时常发生动摇，从而使整个新媒体受众人心惶惶，“这就是后现代意味着的一切。大多数人对消失了的（宏大）叙事已经失去了怀旧感”。[①]

另外，“混搭”也是一种具有后现代性的现象，新媒体创意作品的形式如此丰富，通过编辑和重组现有媒介形式——视频、图片、音频、文字等来创作新的“混搭作品”是数字文化的一个重要特质，比如常见的PS等。“混搭”意欲制造另类、破坏原有的形象和陈述，在其发散性、多样化、追求异质性、凸显个性化、滑稽诙谐等方面，具有后现代的种种特征。然而，“混搭”的现实可能性则在于数据、应用程序以及现有资源整合的内在可能性，即它们的兼容性。“兼容”在技术上带有现代性的倾向，它是标准化生产的代名词，在文化上则倾向于后现代性。新媒体时代，人的生存不能回避这个双重“身份”的被给定的技术和文化环境。

现代性希望生产标准化的产品，如果女性仅仅是值得拥有的他者，那么女性就将被设置为某种特定的模式。现代社会在打着女性主义的旗帜的时候往往也是这么做的，他们对女性主义和女性应该是什么状态做了许多细致的描述和规划。殊不知女性成为

---

①（美）马克·波斯特．信息方式——后结构主义与社会语境．范静哗译．上海：商务印书馆，2000：194.

自身，成为自身决定力量的社会机制才是真正的现代化性别和谐。后现代性对“混搭”的确认就是对两性关系的模糊化和任性的许可。“我只想做我自己”和“你应该成为一个这样的女人（或者：成为这样的女人是普遍受欢迎的）”是后现代性思维与现代性思维的截然区别。

6. 人工智能与妇女解放

人工智能使女性在竞争中不再与男人拼体力。尼古拉斯·卡尔曾经说：“随着我们开始依赖电脑为中介来理解周遭的世界，人类智慧正变得扁平化，变得趋向于人工智能。”[①]许多人担忧“谷歌”和“度娘”会让人们变傻，尽管这被认为是一种技术决定论的观点（即认为技术能够决定政治、经济、文化，甚至人的智力水平，认为技术在人类变迁中起到独一无二的关键作用），但是，搜索引擎的快速发展、网络公共知识库的不断壮大，一些原来需要人们认真学习和不断分析、总结的知识在新媒体时代已经不用识记它们了，只需在搜索引擎中发出指令就能得到人们想要的结果。在一些人看来，人会因此变得越来越懒惰，越来越被计算机所座架，成为计算机的奴仆，其智商也就会随之变得更加低下。人们已经不习惯于了解事物的来龙去脉，尤其是通过知识的累进来达到这一点，他们更多的是要获得快餐式的知识结论，那种对当下解决认知和实践问题有用的结论。于是，“网络搜索成瘾”便成为一种“新媒体病”。

然而，也有人不这么认为，美国科普作家史蒂文·约翰逊便表达了这样的观点。他认为在新媒体时代，从电子游戏、搜索引擎、电视剧等，都越来越复杂，数字化时代的知识爆炸成为一个

① Tom Chatfield. 你不可不知的50个互联网知识 . 北京：人民邮电出版社，2013：210.

非常重要的拐点，在这样一个信息过量的时代，人们要获取有效的信息就需要更多的专注、更多的参与、更高的处理复杂问题的能力。[①]实际上，在新媒体时代，知识的获取并非一个完全被动的过程。这种观点的持有者也不是独一无二的，新媒体时代用户必须有新的系统思维的方法和多任务处理的能力，必须习惯多重叙事，必须打破线性思维方式的束缚。

中国互联网络信息中心发布的《2013 年中国网民搜索行为研究报告》称，“截至 2013 年 6 月底，中国搜索引擎网民规模为 4.70 亿”，“搜索引擎作为互联网的基础应用，是网民获取信息的重要工具，其使用率自 2010 年后始终保持在 80% 左右水平”，网民通过手机搜索的内容也相当广泛。报告称，“70.6% 的网民在遇到感兴趣的信息时，会通过手机搜索相关信息；66.9% 的网民在寻找与工作学习有关的内容时会使用手机搜索；56.4% 的网民在热点事件发生时会使用手机搜索。还有 50.7% 的网民下载软件时使用手机搜索。此外，寻找衣食住行等日常生活信息、外出旅行也是网民使用手机搜索的重要原因。”[②]通过搜索引擎的广泛使用，从而说明人类智能会与人工智能趋同，这种解释似乎是牵强的。正如德国学者弗兰克·施尔玛赫所言：“我们这个社会，已经没有‘最能干的人’，而只有‘获得信息最多的人’。但是我们都知道，信息一旦装进大脑，它们都已经陈旧了。”[③]可见，“最能干的人”无非就是获得有效信息的能力最强的人，如此说来，人类智能依然起到决定性的作用。施尔玛赫的发问更是令人

---

①《你不可不知的 50 个互联网知识》，第 210 页。

②中国互联网络信息中心 .2013 年中国网民搜索行为研究报告 .2013-08.

③《网络至死》，第 94 页。

深思：当电脑开启，人脑便停止转动了吗？“如今人们在使用谷歌、施乐或者微软产品时，面临着一个几乎无法回答的问题：如何才能有效地引导自己的注意力，而不让注意力被操纵。”[①]波斯曼则略带悲观情绪地说道：计算机把人界定为“信息处理器”，把自然定义为信息处理的对象，人变成了一架会思考的机器。[②]尽管电脑并不能代替人脑，但这丝毫不妨碍电脑的普及对女性解放的重要意义。因为人工智能使社会生产进入到不是依靠体力来支撑的时代，仅就这一点而言，就已经使妇女有了逆袭的可能性。在那种较低水平的生产力条件下，男性凭借长期的训练和生物进化所获得的强健体格而占据有利地位。现在，新媒体的普及使信息权力成为重要的社会权力，信息生产成为重要的社会生产，从而也使妇女在社会生产中获得前所未有的参与权和创造性。

7. 全球化与民族认同的关系。

性别问题既是民族国家的内部问题，也是国际共有的难题。随着地球村的形成，越是民族的就越是世界的。全球化的信息交流使得女性主义和自第一次现代化浪潮就兴起的妇女解放思潮奔涌而至世界各地。有关妇女解放的思潮，无论是西方女性主义的，还是马克思主义的，都受到了一些进步人士的肯定和欢迎，它们对传统男权社会的冲击是巨大的。每一个民族的妇女问题又有着自己的特殊性，这种特殊性在世界化信息浪潮中引起了广泛关注，从侧面亦提供了诸多解决特殊矛盾的新方法和新途径。新媒体时代，信息的无国界传播（或称越境传播）是一个普遍的现象。董焱认为：从信息文化的角度来看，“信息无国界传播的深层原因

①《网络至死》，第111页。

②《技术垄断：文化向技术投降》，第64页。

是由信息的势能差异所决定的”。[①]所谓“信息的势能差异”就是指信息具有强弱之分，在信源和信宿之间会存在差异，一般情况下，信息会从富集区流向稀缺区。这也就是前面提到的信息霸权的前提，抛开这种信息霸权和数字鸿沟来看，全球化是信息无国界传播的必然结果，这正是麦克卢汉以及其他许多学者所设想的“地球村”、“四海之内皆兄弟”的美好愿景。新媒体为全球化提供了技术上的便捷，全球信息在新媒体上滚动翻涌、势不可挡。然而，它所面临的最大的障碍——民族认同——对全球化抱有天然的敌意。这在强势信息的那一端被认为是一种文明进步的阻力，而在弱势信息的这一端则认为是保存民族独立、反对文化殖民主义的基础。不分性别、民族、种族，不分阶级、地域、国别的人们相互拥抱、相互击掌问候、彼此宽宏大量、友爱和睦，这种全球化的“乌托邦念想”在现代资本逻辑的横扫下显得滑稽可笑。普世价值、和平演变、文化攻势等，在新媒体时代，促使弱势信息区域不得不防守它们最后的底线：民族认同的持有。这是新媒体时代人的生存所面临的社会环境的重大问题。

在“什么力量推动全球化”的各式回答中，有人这样作答：有四种趋势成为全球化事态发展的核心力量，即自由市场思想、经济重心转向发展中国家、通信联络等媒体技术的发展、竞争的加剧。他们认为，全球化本身是一个可以根据自身偏好任意界定的词语，而经济全球化显然是他们表面上最为认可的形式。[②]新媒体技术被当作技术基础而在全球化进程中起到推波助澜的作

---

①董焱．信息文化论——数字化生存状态的冷思考．北京：北京图书馆出版社，2003：162.

②葛洛蒂，张治中编著．革命的时代——第五次浪潮．北京：电子工业出版社，1999：119-135.

用。多米尼克说："CNN、NBC 和 BBC 以及其他广播公司，都有 24 小时新闻频道，通过卫星和有线系统在全世界播放……由于现代传播技术，国家之间的界限日益模糊起来。麦克卢汉的预言已经变成了现实：我们全都是同一个地球村中的邻居。"[①]只是，"邻居们"并不都是十分友好的。波斯曼在说到"机器意识形态"时曾经指出，"说到机器时，技术垄断论最强调的是精准，可是它对机器里内嵌的理念，多半是不置一词"，"哲学家或许会苦苦思考'何为真理？''何为智能？''何为美好生活？'之类的问题。然而，技术垄断论却没有必要搞这种苦思冥想"。波斯曼对于技术对文化的征缴感到难过，"我们对技术隐含的意识形态意义视而不见"。[②]事实上，新媒体技术在一定程度上的确造成了新的信息传播模式和社会交往模式，人人都生活在极端临近的空间，卷入彼此的生活。[③]正因为如此，人们对民族性的忧虑才不会显得多余，因为在信息不对称的情况下，技术本身的威胁已经降低到了极限，新的威胁乃是文化霸权的肆意膨胀。

新媒体对人的生存的全面而深远的影响是无与伦比的。尽管在媒介（技术）决定论与技术悲观主义之间存在着极大的争议，但是新媒体业已在商业、工作、思维、政治、文化、教育、娱乐、人际交往等各个方面改变着人的生活形式，挑战着传统的思想与习惯。任何时代都有属于它自己的问题。马克思曾经说："每个时代的谜语是容易找到的。这些谜语都是该时代的迫切问题，如

---

①（美）约瑟夫·R. 多米尼克．大众传播动力学：数字时代的媒介．蔡骐，译北京：中国人民大学出版社，2004：570.

②《技术垄断：文化向技术投降》，第 52-53 页。

③加罗伯特·洛根．理解新媒介——延伸麦克卢汉．何道宽译．上海：复旦大学出版社，2012：318.

果说在答案中个人的意图和见识起着很大作用，从而，需要用老练的眼光才能区别什么属于个人，什么属于时代，那么相反，问题却是公开的、无所顾忌的、支配一切个人的时代之声。问题是时代的格言，是表现时代自己内心状态的最实际的呼声。”[①]马克思主义是关于人类解放的学说，人的生存问题是马克思主义最为关心的问题。时代不断变迁，尽管在马克思主义关于历史分期的理论看来，“新媒体时代”的说法并没有足够的理论根据，但“新媒体”的出现确实给人的生存问题带来了巨大的改变，人们无时无刻不在新媒体的包围之中。“数据之于信息社会就如燃料之于工业革命”，[②]马克思对工业文明的批判具有经典的理论形态，它既立足于生产生活世界的实际状况，又着眼于未来人类生存蓝图的构建，而把这两者联系起来的，是人类的实践活动。实践总是历时性的概念，在新媒体时代，人类的生存实践遇到了与以往不同的具体环境，在坚持马克思主义理论基本原则的前提下，对新媒体时代的性别问题进行质问。除了在上述七个方面应有详细的论述，同样重要的是：我们不能忽视“现代性”依然是当下社会的本质属性。马克思说过：“每一个时代的理论思维，从而我们时代的理论思维，都是一种历史的产物，它在不同的时代具有完全不同的形式，同时具有完全不同的内容。”[③]理论的探寻不仅是一种后视镜，而且是一种探测仪，它观望的不仅仅是正在发生和已经发生的事件，更重要的在于它对未来的预期，以及对这种预期的可靠性分析。那么，随着新媒体技术的进一步发展和普及化，两性关系将会走向何方呢？

---

①《马克思恩格斯全集》（第 1 卷）第 203 页。

②《大数据时代：生活、工作与思维的大变革》，第 230 页。

③《马克思恩格斯选集》（第 4 卷）第 284 页。

二、性别机制的生成规律

妇女问题的形成与性别机制的形成分属两个不同的领域。妇女问题的形成是一种经济史的定位。马克思恩格斯认为妇女问题是随着私有制度的产生而产生的，因此，妇女问题的破解方法亦当在经济生活中去寻觅。他们认为，推翻私有制度是解放妇女的根本途径，而妇女在生产生活中地位的显著提高，还有赖于那种构造妇女生产能力的教育和文化。新媒体时代的性别机制生成规律则源于信息传播方式的重大变革，在主流和非主流、官方的和民间的、遵照传统文化的和反传统的网络平台的区别中树立起两性之间的磁力关系——一种相互吸引又相互排斥的“关系力”。性别磁力的引力不仅表现为作为必然趋向的两性之间温和相亲的一面，或许它只是构成一种新的欣赏与被欣赏、消费与被消费的关系；而性别磁力的斥力则表现为一方将另一方设立为自己的对立面。

1. 传统性别机制生成规律。

传统性别机制的生成规律归结起来有如下三种：文化基因论、政治动力论和经济决定论。文化基因论认为性别机制的产生根源于不同地区和民族的文化基因的差异。比如中华文化的阴阳五行说乃是女性长期以来受到损抑的重要原因，正如前文已经论述过的，乾坤之间的对立是显而易见的。反过来，阴阳相反相成、乾坤相对而生乃是天地万物的根本，从而中华文化同时具有更多的绞合两性之间鸿沟的内在文化基因。这在事实上得到了一定的证明，中国妇女长期以来的备受压制和新中国成立以后所获得的独立和自由是前所未有的。但是，这种文化基因论拓展到大河文化的时候，立刻就显得笨拙了。黄河长江文化体系下的妇女与印度河恒河流域的妇女在文化上的差异与那种流浪者（迁徙族）文化体系下的妇女及她们所主张的运动相比较，并没有显示出多大的优势，相反，如今印度这种守旧国家中的妇女问题已经成为世界瞩目的重大灾难性问题。因此，文化基因论在某种程度上把现实问题归结为纯粹的历史问题是不可靠的。尽管任何社会现实问题都有其社会历史性，但是，历史规律具有世界性意义和必然性。而文化的区划则抹杀了这种世界意义的历史必然性。这种历史意义的世界进程，马克思主义已经充分给予了论证和说明，那就是妇女问题不是作为单一的社会现象而出现，它的根源也不在于文化传统。在确定性上，它乃是建立在经济生产之上的社会有机体的内部矛盾演化体系，解剖这种矛盾体并促使其转向它的对立面的方式是从事物的内部矛盾入手来化解矛盾对立面的尖锐冲突。

政治动力论的性别机制生成规律就是将妇女问题和性别对立问题归纳到阶级斗争的结果层面——强调它是作为阶级斗争的“结果”——一种政治斗争的副产品。这种论调吸引人的地方在于它将政治放在一个至高无上的地位，从而通过“政治”寻找到斗争的靶子。妇女运动和性别机制的生发机制一旦确定了政治靶子，那么在批判和运动的过程中就显得目的明确。旧社会的主政者人为地将两性之间的关系一分为二地对待，“创造”了性别对立。这种创造是通过许多的文件和制度来实现的。它们朝着有利于男权统治的方向策划社会机制。政治动力论是令人尴尬的学术观点：西方资本主义国家对政治动力论采取“两面派”的做法。在国内，它们反对这种言论，认为妇女问题和两性和谐问题是社会系统性的问题，将它归结为政治结果是不妥当的，从而试图推卸资本家政府的社会责任；国外，资本家政府又极力推销这样的理论，因为它成为意识形态斗争的有力武器，有利于美英等发达资本主义国家借口人权问题对别国横加指责。通过妇女问题——一种带有强烈绅士风度外表的政治家活动——资本家政府不顾他国社会历史背景和现实条件而以人权问题为他国确立标准并肆意干涉。政治动力论有历史有效性和现实片面性的双重特点。政治动力论的历史有效性在于这种理论在解释剥削社会的两性关系时能够较快地抓住问题的“操盘手”，剥削阶级利用手中的政治权力实行欺凌百姓的行为，而妇女只不过是作为一种更加便捷和赏心悦目的工具被统治阶级占有和使用。现代资本主义国家也未能彻底改变妇女的社会地位。政治动力论的现实片面性在于两个方面：其一是对社会主义国家的妇女问题不能从历史文化的长期性和现实的艰巨性角度来看待，不能从“变化”的速度和幅度来看待；其二是政治因素作为两性机制生成的动力，它自身的驱动力又是来自何方？因为政治本身并非社会现象的初始因，从而成为一个非常棘手的理论和现实问题。

经济决定论认为妇女问题的生成历史就是一部经济关系史。经济关系是两性关系的内在根源。经济关系的互动性和迁移是两性关系不断变化的历史根源。经济决定论的优点在于它的解决方案的具体性和可操作性（从手段的设置和过程的设想方面来看）。但它的可行性一直受到质疑：就此而论，经济生产的地位决定了性别之间的对立，这种对立需要到两性取得同等社会生产能力和生产地位之时才可能实现。两性之间的生理差别被丑化为一种社会差别，从而它的缺点也就表露无遗。马克思主义者倍倍尔说：“人类，在男的奴隶未曾存在之前，妇女已经是奴隶了。一切社会的从属和压迫是起因于被压迫的经济的从属。妇女已久处这种经济从属的地位。这是人类社会进化的历史给我们的教训。”[①]

2. 新媒体时代的性别生成规律。

“赛伯女性主义与新媒体艺术赛伯女性主义者致力于在网

①《妇女与社会主义》第 26 页。

络上创造妇女新形象（包括女性主义的化身、电子人、性别融合等），以打破包含性别歧视的社会刻板印象。……它注重在网络上建立适宜于妇女的虚拟环境，对与之相关的联结性、批判性、创造性等问题进行深入的理论研究，鼓励妇女主动参与在线活动，并通过新媒体艺术来表现自己的诉求。”[①]新媒体对两性和谐的重要助推作用是非常明显的。但是，新媒体时代的性别机制又是如何生成的呢？或者说在新媒体时代的性别生成规律中有何新的东西？

文化论在近代陷入死胡同以后似乎又复活了。苏珊·博尔多认为，“对于西方来说，自然界和母亲的观念在柏拉图和亚里士多德那里都渊源有之。……女性元素是受动性自然——是被动性的而非创造性的自然，……在柏拉图那里表现的最清楚：世界是拥有一个灵魂的——一个女性的灵魂——它充溢于宇宙的肉身之中”。[②]而现代科学已经走向“男性化”的道路。“17世纪占支配地位的科学和哲学文化恰如弗兰西斯培根所宣布的那样，确实为‘真正男性化时代的诞生’揭幕了。”[③]邹广文教授认为，“自觉地把对文化的分析考察与人的主体性联系起来，这是马克思所始终坚持的——‘文化’的概念与‘人的有目的的活动’概念本质上具有相通的内涵：唯有人才能创造文化并拥有文化，因为只有人才是自生存之始就有完善自身要求的存在，人作为主体所完

---

①黄鸣奋．赛伯女性主义：数字化语境中的社会生态．吉首大学学报：社会科学版，2008，（5）．

②《笛卡尔的思维男性化和17世纪从女性特质的逃逸》，见《现代性基本读本》，第340页。

③同上，第342页。

成的文化价值上的成就，在其核心指向上，就是主体的解放与自由……紧紧围绕人、人的解放和人的价值实现这一主题展开文化哲学建构，这是马克思文化哲学观最鲜明的特色”。[①]文化就是人化，通过“化人”而达到自己的目的。近代以来理性主义精神的崛起与女性主体性的缺场并没有内在的必然性，相反，它正朝着有利于妇女解放的方向发展。“西方各国从人的发现到女性的发现一般相距200~300年，而我国则是在‘五四’新文化运动前后由一些思想先驱在人的解放这个命题中同时提出来的：在占人类半数的女性，人格尚不被正确的认识，尚不能获得充分的自由，不能参与文化的事业以前，人类无论怎样的进化，总是偏枯的人类。”[②]生态女性主义者认为，“女性与自然的关联有着长远而深刻的历史与文化渊源，贬低自然和贬低女人之间存在紧密联系，父权思想与社会、经济、政治和文化体制是导致男性对女性歧视和压迫以及人类歧视和压迫自然的根源，性别歧视与自然歧视之间以及女性的解放与自然的解放之间有着社会逻辑的、历史的联结和不可分割性”。[③]近代科学革命是否发现了妇女的伟大作用？这个疑问伴随着人们（主要是先进的女性知识分子）的不懈抗争而不断扩大。但这个疑问并没有得到解决，因为甚至有人认为，无论是在笛卡尔的理性主义那里，还是在培根的经验主义那里，“从女性气质逃逸”乃是现代科学的重要特征。这种特征割断了世界系统（生物系统和社会系统）的内在蕴含关系，而将外部世界的联系当作唯一可靠的联系。并且，人们在这种生硬的关系中

①邹广文．马克思文化哲学思想的展开逻．求是学刊，2010（1）．

②刘思谦．中国女性文学的现代性．文艺研究，1998（1）．

③郑湘萍．生态女性主义视野中的女性与自然．华南师范大学学报：社会科学版，2005（6）．

能够得到理性精神的确认。现代性清除了一切含混不清的东西，或者说一切尚未被人们正确认识的东西都将排除在外。“不管个别思想家的态度有何微妙之处，视科学为‘男性的’这一观念可以说并非20世纪的发明或者女性主义的离奇幻想。”①

新媒体时代的文化机制似乎彻底抛弃了这种幻想。新媒体文化的去中心化和对权威文化的挑战，树立了个性张扬的时代标杆。妇女在新媒体上的活跃程度以及她们对自身利益的诉求和表达受到了一定程度的尊重。理性主义那种沾沾自喜的性别优越感在新媒体时代破产了。男性对应着理性，而女性对应着感性，这是生物学家的发明，还是心理学家的创造？可是在今天，无论对应关系如何被确定，都能实现这草根文化的话语权，而这种在过去一直以来被当作是道听途说的不可靠的信息来源，如今反倒成为重要的信息。人们乐于从草根文化了解社会、把握社会。妇女在这样一个社会中的话语权得到了前所未有的尊重——这不是一种政治命令，而是一种基于技术开发的文化创生机制。

政治动力论在新媒体时代受到草根文化的围剿。“大众的社会性别敏感度逐渐提升，‘妇女解放’开始从更多的是一种‘政治运动’扩展为‘学术话语’、‘公共话语’直至‘私人话语’，许多过去被认为纯属私人性的事件，如妻子被丈夫殴打，突破了私人空间，被赋予了社会的意义。”②新媒体时代的权力体系和社会阶层结构发生了重大变迁，权力体系的重心下移，社会阶层结构更加扁平化。在这样的基础上，性别问题便成为这样一个公众话语：它是社会基层（或底层）翻转自身价值，获得话语表达

①《笛卡尔的思维男性化和17世纪从女性特质的逃逸》，见《现代性基本读本》，第343页。

②王金玲．性别文化及其先进性别文化的构建．浙江学刊，2003（4）．

权力的重要通道和表征。妇女被看作是社会的弱势群体而得到关切，新媒体政治在信息“围观”的基础上得到扩散，政治权力说到底是一种信息权力。而信息权力由于新媒体平台的开放性准则已经被大众所拥有，从而对于新世纪的两性和谐而言，在政治体制上已然不再是一个公开的问题——任何政党和政府都不至于公开宣称性别压迫的合理性。新媒体时代的政治动力论源自信息技术的意识形态化，指的是信息技术被某些人所利用，成为制造社会沟壑的理性工具。那么，公众信息平台就成为了重要的意识形态发源地。它以权威解读的方式颁布“法则”，对人们的心理形成暗示。这在各种媒介平台的女性频道能够被轻易发现。这是一种男性化的，带着性别侵略意味的、以关怀女性为幌子的宣称和（生活趣味的）话语主张。

经济生活更加让女性感到困扰。自然分工体系的形成造成了女性长期遭受到来自电子商务的伤害。新媒体的发展使女性受到网络经济的束缚：一方面，电商利用女性购物心理不断引诱女性成为廉价伪劣商品的青睐者；另一方面，在电子商务活动中女性的创业率不断攀升，这种电商创业在很大程度上造成了女性在心理和身体上的长期压抑。也许只有那些别有用心的人才感到有欢呼的必要，那就是电子商务的发展已经战胜了或者即将战胜实体商店。女性在实体商店崩溃的过程中收获的是女性身形美的丧失和女性优雅生活情调的遗失。当然，还有那种看上去繁荣的电商客服 24 小时在线的悲情生活。

新媒体时代性别机制的生成规律可以简约为这样的原则：信源革命导致了信息的交互式传播，信息的传播者和信息的创造者、信息的接收者之间紧密相连、不分你我。女性成功分享了新媒体信息传播的通道和场所，占据有利的地位。女性对虚拟世界的瓜分使男性独唱的社会生活多了几分合唱的声音，但信息的主导力量源自何方依然受到人们的质疑。资本操纵信息还是政治操纵信息？市场决定传播偏向，还是文化基因框定传播内核？这些都是新媒体时代性别机制产生的重要疑问。

第二节　新媒体时代构建两性和谐关系的机遇

一些人认为新媒体只是增加了宣传男女平等的平台，这种认识是非常肤浅的。作为平台，它不仅有利于党和国家宣扬马克思主义妇女观、男女平等思想，也有利于封建守旧思想的顽固持有者鼓吹封建糟粕。广州曝光的那些女德班的主张者明目张胆地利用发扬传统文化的幌子来为陈旧思想死灰复燃摇旗呐喊。也有人从男女互联网用户数的比例来说明互联网世界的男女平等，“（男女互联网用户）到2011年的55.9 ：44.1，标志着男女平等已经率先在互联网世界得以实现”。[①]更为乐观的态度认为，“互联网为男女平等搭建了自由的平台，到目前为止，还没有任何一个场所能像互联网那样实现充分意义上的男女平等。……可见，在网络中，女性发挥着越来越大的主导作用。互联网淡化了性别差异，为男女平等搭建了自由的平台”。[②]互联网发展到了移动互联网时代（本书称之为新媒体时代），用户的男女比例已经无足轻重，因为几乎任何人都能上网。当然，因此而指称新媒体时代是一个消弭性别差异的时代也是未尝不可的，但这仅仅是从使用的权限而言是如此的。这种平均化的权限对个人权利的发展没有

---

①蒋美华，李翌萱．网络信息关注行为的性别差异分析．山西师大学报：社会科学版，2013（5）．

②吴敏娟．网络为女性开拓新空间．新闻爱好者，2010（4）．

任何实质的意义，正如大部分科学技术和生产领域亦以开放的姿态面向大众一样。人们之所以可能难以进入某个领域，（就大部分领域而言，可能）并非这个领域设置了很高的进入壁垒，而是它本身就要求实践者有一定的相关知识和实践能力。断不能因此而认为这些领域存在歧视：让一个完全不懂飞行原理和航天知识的人去驾驭宇宙飞船？或者让一些并不知道能源采掘技术的人去开采石油？——这就是真正的平等的话，那么平等就变成了野蛮化的复归。所以在技术操层面上的浅显所导致的男女老少在新媒体平台的运用自如，并非真正体现一种平等的性别机制。但是，移动互联网时代在男女平等方面的确作出了贡献。

一、移动互联网使用与男女平等

首先是以微博和微信为代表的新媒体在宣传男女平等基本国策中的重要作用日益凸显。这种作用不是新媒体独有的社会性贡献，而仅仅是一个技术操作上的成就。然而，它产生了这样的客观效果，人们轻而易举就能获得两性平等的知识和法律支持。在政策宣传方面，官方一直强调“要强化面向社会公众的宣传教育，充分利用大众传播媒体，特别是各类新媒体传播男女平等理念，以不同地域、不同阶层群众喜闻乐见的方式开展宣传教育活动”。[①]“农村妇女干部不仅要做到接触媒介，更要提高对媒介的使用能力，特别是对新媒体的使用能力，并能够通过媒体促进自身工作的开展并带领农民发家致富。”[②]“注重运用新媒体开展妇女工作，推进建设‘网上妇女之家’，推进妇女工作项目化，

---

①谭琳．贯彻落实男女平等基本国策重在具体化．中国妇运，2013（2）．

②何村，韩雪颖．农村妇女干部媒介素养现状与培养．中国广播电视学刊，2013（3）．

利用专项经费，实施一批重点工作项目……推动妇联干部参与陪审工作，加强与新闻媒体的联系合作，探索针对侵害妇女儿童权益的重大事件，科学、准确、及时发出妇联声音的司法途径、新闻途径和办法。”[①]官方对新媒体舆论场所的重视已经到了一定的程度，毋庸置疑的是，这将是与时俱进的举措。

其次是女性公共社交平台的开发利用。《知音》杂志近年来致力于建设全国妇女报刊新媒体联盟，推出有线互联网“中国女网”和无线互联网“中国女性数字移动出版平台”，方便女性用户随时随地用零碎时间体验、享受“屏媒”提供的各种有效服务。[②]“Aileen Lee 在《为什么妇女统治互联网》中道出其中的数据：女性成为社交网站的主要用户，她们比男性在上面多花了 30% 的时间，而移动社交网络的使用者 55% 是女性。”[③]新媒体网络平台基础设施建设的开放性，让传统媒介的专制逐渐失去市场。毫无疑问，技术的民主气质并不必然导致技术化的民主进步。但是虚拟世界中的女性频道已经足以让妇女事业的促进者感到兴奋。女性通过自己的努力创造了一系列的网上活动场所，为妇女的健康、美容、教育、工作等出谋划策。

再次是新媒体时代的虚拟社区隐藏了人的性别特征，人们不需要以一个男人或者一个女人的身份从事网络虚拟世界的实践和发表意见。人是以人的身份，而不是以男人或者女人的身份来进入到网络虚拟社区的，从而避免了因为性别差异遭遇到的尴尬和

---

①中国妇女第十一次全国代表大会各省妇联主席谈体会．中国妇运，2014（1）．

②尹伏仓．在与新媒体主动融合中做大做强文化生活类期刊．中国传媒科技，2012（12）．

③姜奇平．互联网的女性主义特征．互联网周刊，2012（13）．

守旧文化对性别的排斥。新媒体时代人们正是在虚拟性地构建自身的同时构建了一个“大同”社会的原貌。在社交工具使用、网络平台的互动性交往、电子商务以及相关领域，新媒体给人们带来了惊喜，这种惊喜是人们将自己隐藏在某个“马甲”下从事的隐秘活动。尽管隐秘活动本身被数据分析后能够得到还原，但对它的乐观态度将持续到网络恐怖主义的肆行（或者更高的技术监管和惩罚规则的执行）。

最后是信息鸿沟与性别鸿沟之间不存在叠加的机会。妇女在上网率、网络使用的娴熟程度等方面丝毫不逊于男性，因此，若想制造人为的信息鸿沟不是一件容易的事情。在文献的检索和获取需要专门技能的年代，某些专门知识的传授被垄断在少数人的手中，现在这种垄断地位被打破了。新媒体操作界面的简单化和人性化倾向让普通人均可便捷上网。新媒体界面成为男女平等的梦魇——它在一定的制度和文化背景下立刻就能成为现实。倍倍尔曾经描述的那种生活状态在新媒体时代不复存在了：“特别是啤林巴哈说历史上不曾出过一个女子的天才，而且妇女没有学习哲学的能力，所以女子没有研究科学的资格。”①

二、技术赋权的理论史和现实

尼葛洛庞蒂认为数字技术的发展使“个人抬头”，而麦克卢汉认为“媒介是人的延伸”，莱文森认为数字化新媒体具有赋权的重要作用，它延伸人的体力和智力。国内一些学者也大都认为“事实已经证明，科技的发展为女性的解放作出了巨大的贡献”。②生

①《妇女与社会主义》，第255页。

②王瑞鸿．性别歧视的理论误区及现实表现．华东理工大学学报：社会科学版，2001（2）．

育将人类划分为男性和女性这“两个阶级”，运用科技来克服自然生殖的生物学界限能不能成为女性解放的出路？[①]科技革命对妇女解放的重要影响是显而易见的。“科学技术具有多种社会功能，它是人们对自然界的认识进一步发展的基础，是人们思想解放的先导，科学技术可以转化为现实的生产力。”[②]何萍教授认为，“从人类物质生产潜力的开发看，机器的普遍采用，使生产操作变得简单了；科学技术在工业、农业、商业等各行业的运用，大大促进了工业、农业、商业等部门的发展，这些都为妇女参加社会的物质生产提供了客观条件，而资本家为了降低生产成本，获得高额利润，也尽可能的多用女工，于是，大批妇女随着资本主义物质生产的发展而被卷入到社会的物质生产活动中来”。[③]科学技术的发展导致了妇女在生产领域中的在场。科学的发展与人的发展之间有着内在必然性的联系，尽管科学的合理性与社会发展需要之间的关系可能存在脱钩，但是，它不被认为是对人类发展方向的背叛。列宁说：“科学优越性，我们在解决社会问题上的要求始终一贯，最后但并非最不重要的是，我们可以利用俄国无产阶级革命的胜利及其在妇女解放运动中的工作。个别同志在训练上的欠缺和不足，可以用有计划的准备与合作来弥补。在这方面，我对俄国的女共产党员抱有最大的期望。她们将成为我们整个队伍的钢铁核心。”[④]

---

①尹旦萍．中国计划生育的先声——论新文化运动时期的产儿制限论．江汉论坛，2004（5）．

②郝立新．当代中国马克思主义哲学通俗读物：大众哲学对话录．贵阳：贵州人民出版社，2009：252.

③何萍.20世纪马克思主义哲学：东方与西方．北京：人民出版社，2012：15.

④回忆列宁．（5）．侯焕闳译．北京：人民出版社，1982：74.

无论是哪种学术流派，他们对科学技术在促进人的发展的一般意义上取得了部分共识，当然也有人认为科学技术的发展可能导致人的生活之丰富性的丧失。当科学技术意识形态化以后，更多的人认为科学技术的发展导致人的异化的巨大危机是存在的。所有这些都不能让人们抵制科学技术进步的诱惑——就算在资本主义生产领域，那种为节约生产成本而可以延缓先进生产技术和仪器设备投入生产的做法终究抵挡不住超额剩余价值的引诱。“莱斯认为科学技术合理性和社会发展之间不具有同一性，这是由于运用科学技术的制度造成的，科学技术只有在一个新型的民主社会才能成为解放的力量。”①

我国在进入到社会主义阶段后，康克清指出，“在历史的新时期，我们妇女在思想、文化、科学和专业水平上的提高，已成为妇女对四化建设作出新贡献，实现妇女解放的重要条件”。②事实上，妇女在很长一段时期内都相对落后于男性的科学素养，“在这科学技术日新月异的时代，科学技术是第一生产力，而我们国家科学技术比发达国家落后得多，妇女更差一些，在这种情况下，我们必须迎头赶上”。③中国共产党非常重视妇女科学素养的提高，也认为从事科学生产和研究是妇女解放的重要内容和重要标志，或者可以说它还成为妇女获得全面自由发展的重要手段。技术赋权的理论由来已久，它的正确性在于它的前提的正当性。这个正当性的前提乃是指科学技术为人类的正义事业和文明

---

①倪瑞华．英国生态学马克思主义研究．北京：人民出版社，2011：203.

②康克清．康克清文集．北京：中国妇女出版社，1997：275.

③中共中央宣传部理论局编．当代中国马克思主义研究巡礼（下）．北京：人民出版社，1995：1767.

进步作贡献，在相反的方向上耕犁则会导致社会的灾难和人的自由与发展受到制约。

人们不由自主地赞叹科学技术带来的种种好处：“女性的解放在以科技而不是以体力为社会运作的主体动力的情况下有了较大的发展空间，其解放及发展在一定程度上可以由女性自身独特的个性倾向性及个性心理特征决定。”[①]“科技发展为妇女进一步解放开辟着广阔的搭路，同时，妇女也能够在促进科技进步中发挥重要的作用。”[②]“尽管妇女的彻底解放尚需一些时日，但毋庸置疑的是，科技发展在改变人们的传统家庭观念的过程中，不仅为妇女解放提供了主观前提，也创造了客观条件。”[③]

有人认为，女性主义与新媒体文化有着内在的相通之处，“它们都强调感性，强调个性，强调每个公民生活的合理性……‘流行文化’精神，还应包含新媒体文化精神和女性主义主导观念。”[④]“虽然至今妇女权利议题在新媒体和社会媒体上的能见度仍然很低，但这些更自主表达的空间里仍为妇女提供了大量机会……然而潜力变成现实并不容易，妇女组织希望媒体建立和遵循符合性别平等原则的自律规范，并相信性别平等原则有助于催生真正优秀的报道，但要做到这些，需要在管制和市场的双重压力下重新理解和塑造新闻专业主义，反思及修正现有的新闻生产模式及这种生产所依凭的媒体常规，这必须由媒体工作者靠自己

---

①杜二敏．论男女两性的共同解放及共同发展．重庆科技学院学报：社会科学版，2009（11）．

②王南波．科技发展与妇女解放．妇女研究论丛，1992（6）

③郭胜伟．技术对家庭变化的影响初探．江汉论坛，1999（11）．

④陈肖利，庄海刚．论国内女性电视节目创意实践中社会价值的缺失．湖南大众传媒职业技术学院学报，2011（2）．

的动力去探索。”[①]新媒体时代的妇女权益表达是不是完全依赖于新闻媒介的工作者去完成，这是不切实际的。因为现在已经形成了“人人都是麦克风”的局面，每个人都能在接受信息的同时制造和传播信息，从而每个人都能为妇女解放和自由权利作出贡献——至少在形成舆论场和社会风气这一方面而言确实人人有责、人人有权。因此有人表达这样的看法：只有科学和政治斗争才能真正实现妇女的彻底解放。[②]新媒体对妇女解放和建构两性和谐所带来的机遇在于如下一些不容置疑的事实：其一，网络虚拟社区进入的低门槛。任何人都能轻易进入到网络虚拟社区而成为某种角色，它在技术上没有障碍，在设施上已经人人可得。其二，网络虚拟社区去中心化的信息传播方式导致的新媒体文化的反权威和反传统倾向为新的独立女性和新的两性关系的构建提供了机会。其三，网络社区的虚拟性让男女共同参与到社会事务的探讨中来，他们并不因为性别而受到人们的质疑，因为虚拟社区已经能够恰如其分地掩盖人们的真实性别身份。其四，各种侵权事件能够及时得到曝光，从而在舆论上取得两性和谐发展的支持。其五，信息的跨界流动使得各种社会思潮交融激荡，对某些稳固的守旧思想形成了巨大的冲击力，随着信息全球化流动的加快和深入发展，未来社会中若要保持一种以“传统”为口实的剥削阶级思想是非常困难的。凡此等等，无不证实新媒体在妇女解放与两性和谐发展方面提供了巨大的时代契机。

---

①吕频．媒介传播的性别反思——以李阳家暴事件为核心．妇女研究论丛，2013（3）．

②复旦大学当代国外马克思主义研究中心编．当代国外马克思主义评论（6）．北京：人民出版社，2008：153。

第三节　新媒体时代构建两性和谐关系的挑战

马克思在《资本论》中曾经说：“在英国，直到现在还有时不用马而用妇女在运河上拉纤等等，因为生产马和机器所需要的劳动是一个数学上的已知量，而维持过剩人口中的妇女所需要的劳动，却是微不足道的。因此，恰恰是英国这个机器国家，比任何地方都更无耻地为了卑鄙的目的而浪费人力。”[①]可见，科学技术的发展并不必然促进妇女的全面解放和自由发展，任何带有民主机制之蕴含的科技发明都必须在特定的制度、文化、经济等综合体系当中才能发挥它的天然优势。妇女问题向来都不是一个片面的问题，而是在经济—政治—文化有机系统中的一种社会映像。“科技进步与经济发展不可能自动惠及妇女解放，后者需要诉诸社会变革基础上的女性的历史主动性。”[②]

新媒体的发展，在两性和谐关系的构建上亦出现了很多不尽如人意的地方，“一些媒体、个人频繁地在媒体上特别是互联网上发表不负责任的、有损女性形象的、有害男女平等的、甚至危害国家安全的信息和言论。”[③]有人认为，“女性地位只有在全社会的文化观念发生变化时才能逐步提升，而这与信息技术的革命关系不大”。[④]新媒体时代除了在网上轻易就能发现对妇女的轻侮、不屑，还能发现那种带着强烈性别优越感的人通过种种言论来论证自己的非凡。新媒体不能直接带给性别和谐以便利和天

①（德）马克思．资本论（1）．北京：人民出版社，2004：471．

②周全德．我国存在某些男女不平等现象的原因探析．中州学刊，2003（1）．

③唐娅辉．构建促进性别和谐的法律机制．中华女子学院学报，2012（4）．

④张互桂．传统女性解放与信息社会．船山学刊，2009（4）．

然成果，因为它（作为土壤）还滋生那种恶化两性关系的东西。比如：个别男性在新媒体网络上为女性建立标准，通过视图和文字表达制造一种“新女德”——旧“女德”改头换面的玩意儿；个别女性为了博取眼球而肆意妄为，把女性贬损为依靠肉体和风骚吸引注意的存在物；一些网民将妇女及两性关系当成消费品来消遣；个别所谓的专家和群众将同性恋这个本应该尊重的少数人行为（性取向原本是个人的隐私和自由）夸大为一种社会集体意识和行为（一旦作为一种强制性的话语赋予它普适性，则成为一种新的专制和暴力）；如此等等，所有这些都使女性的美好形象大受损害，对两性和谐的构建造成了非常大的负面影响。可见，新媒体不是万能机，它不能创造新的社会关系；它不是自动机，不能为新的性别和谐注入永久的活力。

一、新媒体使用的意识形态化及其危害

马尔库塞认为，科学技术具有非政治化的品格，但是，当它被用来作为统治人的工具时，它就具有政治的意识形态性了。“资本主义社会中科学技术的意识形态化使得人们丧失了对它进行反思和批判的意识与能力。”①俞吾金先生认为：“在当代意识形态中，由于科学技术的实践形态所造成的人化自然和科学技术的观念的或理论的形态所造成的意识形态的合理化已经无孔不入地渗透进整个日常生活中，以至于当代意识形态的功能显得越来越强大，越来越难以抗衡的了。……假如说，政治法律思想、哲学、宗教、道德、艺术等构成意识形态整体结构中的显性层面，并在这一层面上发挥作用的话，那么，科学技术作为‘背景意识形态’

①顾明远，石中英．学习型社会：以学习求发展．北京师范大学学报：社会科学版，2006（1）．

则构成意识形态整体结构中的隐性层面，并以潜移默化的方式在这一层面上发挥自己的作用。”[1]科学技术的意识形态化具有如下特征：第一，科学技术正在渗入到那些“可以潜移默化地腐蚀我们所说的制度框架的发展趋势”之中，它成为腐旧制度和压制人的自由全面发展、迫使人走向“单行度的人”的体制的帮凶和走狗。第二，科学技术至高无上的地位得到巩固，“唯科学主义”甚嚣尘上，科学技术的合理性被一再拔高。它不仅是第一生产力，也是社会发展、文明进步的第一动力因。第三，科学技术的应用使人变成机器零件和物的奴隶，科学技术侵入日常生活世界造成焦虑、孤独等精神病症，科学技术强化了对人的统治，科学技术也（从某个角度说）造成了全球生态环境的恶化。[2]尽管诸如马尔库塞等人也认为，“科学技术完全有可能在新的历史条件下成为一种解放手段”，[3]但是，这样的历史阶段总是超乎意料地迟到了。

意识形态具有明确的指向性。它要么是为了维护现存的体制、机制、制度，要么是为了批判现存的体制、机制、制度。新媒体的意识形态化指的是新媒体成为维护或者反抗某种控制机制的东西。其表现是：其一，新媒体深度卷入到人们的社会生产生活领域，成为人们进行生产生活所不能离弃的工具。其二，这种工具被拔高到社会发展的无可比拟的地位，它成为一个时代的标签。其三，新媒体的广泛使用使得人们看上去不是人们在自由利用新媒体，而是新媒体操控着人们的言行。

---

①俞吾金．从科学技术的双重功能看历史唯物主义叙述方式的改变．中国社会科学，2004（1）．

②平飞．近十年来人文精神研究的知识社会学考察．社会科学论坛，2006（3）．

③陈学明．情系马克思：陈学明演讲集．武汉：武汉大学出版社，2010：228.

新媒体意识形态化的原因，从技术层面来看，是新媒体时代信息传播方式的变革，信源革命导致自媒体时代的到来。人人都是麦克风，每个人既是信息的接受者，又是信息的传播者。信息在不停地传播过程中不断被植入新的内容，从而新媒体技术的“民主技术”姿态得到彰显，人们沉浸在新媒体虚拟网络中沾沾自喜。从经济层面来看，资本成为近代以来最具建设力和破坏性的力量：一方面，资本主义创造了比过去一切世代还要多、还要大的生产力；另一方面，资本侵蚀到社会生活的各个方面，货币的价值通约能力挤兑了社会价值体系的复杂格局。由此，新媒体技术在受到资本控制的情况下，可能成为资本家的传声筒。从文化传统的角度来看，长期以来单向信息传播造成的信息饥渴令人们对当今的廉价信息渠道充满激情。

新媒体意识形态化具有一些必然的恶果，那就是信息自由转变为不自由、信息手段转变为生存目的、信息鸿沟转变为信息霸权、人本信息库转变为资本信息库等。第一，信息自由转变为信息不自由。这是因为新媒体时代信息获取的简单方便和信息制造的参与程度大大提高，人们在表面上获得了信息自由的权力，但是，当这种权力被普遍推广以后，信息的爆炸式发展势必产生过度信息——信息在量上的积累已经超出了人们的选择能力范围。第二，信息手段转变为生存目的。新媒体作为新的通讯手段的开发已经被排挤在它的本质功能之外了。目前，人们甚至用晚清人们吸食鸦片的情形来比附当今的“手机党”。人们不是通过智能终端而过上更为丰富多彩的生活，相反是受到了新媒体的控制，一旦离开智能终端的使用，人就显得无所适从、空虚无聊。第三，信息鸿沟转变为信息霸权。信息鸿沟的产生有着深厚的历史根源和现实原因，但是，信息鸿沟不被作为调适社会平等的测度对象，而是被当作新的压迫和统治机遇被人们利用，在信息上占优势的阶级、社群甚至国家，经常利用信息上的优势压榨信息贫乏地区和人民的资源、劳动和资金。第四，人本信息库转变为资本信息库。信息的初始目的是为了人们在认识上获得某种确定性，而它进一步升级为对实践的指导和规范。在本质上看，无论是认识目的还是实践目的，信息的本质在于实现人之为人的本质力量，从而新媒体在本质上应该是以人为本的。不过，当资本切入到新媒体的开发和利用的进程中后，民本信息就转变为了资本信息。信息为资本服务，受到资本的控制。

新媒体意识形态化是妇女在新媒体时代获取信息权的根据和受到限制的原因。妇女在多大程度上受益于新媒体技术的发展，或者在多大程度上受损于新媒体技术的运用和发展，在于新媒体在特定社会中意识形态化的程度以及为何种意识形态服务。在资本主义社会，为资本家意识形态所渗透的新媒体技术导致妇女在解放信息权力的过程中受到更多的阻滞；而在社会主义意识形态的熏陶和感染下的新媒体空间，人们能够更多地获得两性平等的民本信息。

二、虚拟“性别溶度”的实现手段及其有限性

“女性科技创新与女性的解放在风险社会中，女性通过自我认同，提高自我科技素质，更多地参与到科技创新活动中来，这不仅是对风险的一种积极应对和参与规避，也是打破男性科学研究垄断地位的一种体现。……由于实现自然与社会的统一和女性的解放是连为一体的，那么包含有制度与道德要素的科技创新必然需要女性的参与，这种科技创新的参与是实现女性解放的重要路径，也将更有利于促成自然与社会统一的目标的实现。”[①]新

①郭荣茂．从风险社会理论谈女性科技创新人才的建构．中华女子学院学报，2009（4）．

媒体时代妇女参与网络活动的概率大大提升，甚至完胜男性在新媒体虚拟社区的参与程度。这使很多人认为妇女在新媒体时代取得了伟大的胜利。

然而，这个胜利的到来需要引入到社会整体文明程度的层面来讨论。马克思曾经指出妇女解放程度与人的文明进化程度成正比，而恩格斯更是认为两性关系是检验人的自然属性与社会属性是否合宜地结合于人自身的根据。新媒体时代是不是宣告妇女解放的彻底实现呢？

前面对新媒体的意识形态化已经作了比较系统的论述，在这个论述的过程中内在地包含着性别的意识形态化结论。当性别关系理念成为一种意识形态的内容时，新媒体在自己的意识形态化过程中成为承载着性别关系畸形发展的帮凶和走狗。新媒体本身成为一种性别溶解器，这在技术乐观主义者那里得到了高调附和，但是它真能成为性别容器而溶解性别之间的对立吗？我们从新媒体对人的肢体力量的轻视和新媒体在信息寄居与信息获取的便捷上很容易理解它成为新的两性和谐之纽结的重要原因。但是，只要资本的力量控制着新媒体技术框架和应用平台，那么，妇女在新媒体上所能得到的权益并不比“望梅止渴”得到的更多。只有当资本信息被强力扭转为民本信息的时候，妇女在新媒体时代所获得的权益才会越来越多。而这个问题将指向政治体制的选择，在当今能够担当起构建民本信息机制的只有社会主义国家和社会主义制度。

三、性别消费的网络危机

“妇女沦为商品和买卖的对象。侮辱女性的两性关系是文明制度的特征。他们鞭笞利己主义支配下的人与人之间的关系，这种关系变成了纯粹的金钱关系。三大空想社会主义者对资本主义制度层面的全面批判表明，这个社会的危机无法克服，必须消灭资本主义制度。”[①]互联网时代的妇女很少有人被当作商品来买卖，在少数地区存在的卖淫嫖娼当属妇女商品化存在的特例。而新媒体时代更多的妇女问题并不来自于硬暴力的使用，而在于软暴力的无处不在。硬暴力是指传统暴力，它采取的是肉体伤害的方式；而软暴力采取的是精神伤害的方式，它既有激烈的软暴力，如谩骂、侮辱等言语的充斥，亦有温和的软暴力，以“销魂蚀骨散”的形态而化性别和谐理念于虚无。温和的软暴力常以传统文化为标榜，或者以树立女性时尚标杆为幌子对女性采取温和的教化方式，使女性自我沉醉在那种被设定的“理论标本”当中。“妇联组织要积极应对新媒体时代的挑战新媒体时代‘扑面而来’，新媒体环境‘错综复杂’，在对妇女群众工作提出更高要求的同时，也为创新妇联组织工作方式带来新的机遇，必须积极应对，趁势而上，以变应变，善待新媒体，善用新媒体，善管新媒体。”[②]

如今，人们在网络虚拟空间很容易就能看到以软暴力的方式进行的性别歧视，主要表现为对女性的消费主义姿态。女性被当作信息消费品来对待，这是新媒体时代妇女解放面临的重大社会问题。明星粉丝团对其仰慕者的追捧已经是非常狂热的了，它对“明星”的消费需要的不是理性的分析与解剖，激情冲动制造了互联网上的种种事端。“事件”一旦失去了“女主角”，它的点击率就会大打折扣，然而这并非出自一种对女性的伦理关怀，而是出于一种视觉猎艳的心理。“厌女症”（对女性的歧视）成为

①许俊达，钟玉海．科学社会主义的理论与实践教程．合肥：安徽科学技术出版社，2004：90.

②课题组．妇女群众和妇联组织新媒体运用状况调研报告．中国妇运，2013（3）.

一种社会的顽疾，它在互联网时代尤其以更加卑劣的形式而存在。其一是媒体对原始欲望的极力渲染，鼓励女性对形体美的盲目崇拜；其二是以对象物的视角影响女性在行动方面的自主选择，以“时尚控”牵引着女性漫步在精心设计的媚俗的道路上；其三是“偷窥”借助技术和网络记忆而反复对女性进行攻击；其四是通过商业运作而筹划女性形象、贬低女性智商。

网络事件最重要的关键词：腐败、女人、农民工、明星等。而通常各种“事件”的关键词交集中，都有女性在其中。这种特别注解的社会性别意义上的“女性”关键词，正是文明进步不彻底的深刻烙印。马克思和恩格斯在《共产党宣言》中有这么一段话：“为了拉拢人民，贵族们把无产阶级的乞食袋当作旗帜来挥舞。但是，每当人民跟着他们走的时候，都会发现他们的臀部带有旧的封建纹章，于是就哈哈大笑，一哄而散。”[①]这原本是马克思和恩格斯对“封建的社会主义”的批判，然而，在时髦的网络时代，用它来批判那些时尚的、“主导潮流的”声音是最恰当不过了：“为了引诱女性，某些人把女人的裙裤当作旗帜来挥舞。但是，每当人民跟着他们走的时候，都会发现他们的臀部带有旧的封建纹章。”只是，女性除了从“衣服”中解放出来供“黑屋子里”的人们娱乐以外，由于传媒的广泛欺骗，还少有人“哈哈大笑，一哄而散”而已。细心的网友会从网络媒体的某些专栏中读出那种讨好卖乖、矫情做作等与时代精神要求的“个性发展”、“两性和谐”完全不符的女性“教导”，现代传媒本身在加固着“男权”这堵墙，只是为它换上了一件华丽的外衣罢了。

“马克思、恩格斯、列宁、斯大林运用辩证唯物主义和历史

---

①《马克思恩格斯选集》（第 1 卷）第 295-296 页。

唯物主义的方法，对妇女及妇女解放问题进行了广泛而深入的研究，创立了妇女及妇女解放理论，构成马克思主义理论的重要组成部分，奠定了妇女 及妇女解放运动的理论基础，为世界妇女解放运动提供了科学的世界观和方法论，在今天仍起着重要的指导作用。”[①]康克清女士曾经在粉碎“四人帮”以后就提倡女性“要树雄心，立壮志，积极参加科学实验，向科学技术现代化阔步前进。”[②]“马克思主义妇女观，是运用辩证唯物主义和历史唯物主义的世界观、方法论，对妇女社会地位的演变、妇女的社会作用、妇女的社会权利和妇女争取解放的途径等基本问题作出的科学分析和概括。”[③]新媒体时代妇女解放事业的进一步发展以及两性和谐的构建离不开马克思主义妇女观的指导。“妇女可选择与自己希望和天性及能力相适应的职业，和男子在同一条件之下活动，以一个实际的劳动妇女，从事于某种产业活动，她还可以利用一日的其余时间做教育者、教师和保姆，其次研究科学艺术，再其次尽力于行政的职务。”[④]这或许是马克思主义关于妇女解放之重要表现，新媒体时代并没有彻底改变社会的政治动力系统，它在物质技术上取得的进步需要政治、经济、文化系统的全面有机结合才能发挥出最大的效益。

---

①复旦大学当代国外马克思主义研究中心编．当代国外马克思主义评论（9）．北京：人民出版社，2011：277.

②《康克清文集》，第136页。

③江泽民文选（1）．北京：人民出版社，2006：106.

④《妇女与社会主义》第468页。

结　语

阴阳调和，百业方兴。妇女解放，道远任重。物质技术的变革日新月异，而改变几十代人、几百代人逐渐形成的思维方式和行为习惯则并非易事。为妇女解放与两性和谐社会的建设加油、喝彩是件令人振奋的事情。全世界男女同胞，联合起来，为实现男女和谐社会而奋斗！

马克思主义以解放全人类为己任。中国共产党以马克思主义为指导思想。马克思主义妇女观是全中国妇女解放的指导思想，它随着时代的发展、社会的进步而不断增添新的内容。体现时代性、把握规律性、富于创造性是马克思主义妇女观的理论品质。实践永无止境，马克思主义理论的发展也永无止境。马克思主义妇女观不是一个封闭的理论，它的生命力在于它对时代精神和社会实践的准确把握。研究怎样进一步解放妇女，建设更加和谐的两性关系，是历史唯物主义的任务，是无产阶级及其先锋队共产党的神圣使命。为此，我们不但要知道现在的妇女在哪些方面依然解放得不够彻底，两性关系在哪些方面还不够和谐；而且我们要进一步弄清楚产生这些问题的根源，即妇女屈从地位形成的历史。

本书立足这样的思考，从男权社会形成的根源开始探索道路，指出了马克思和恩格斯关于私有制是男权思想产生的根源的思想的正确性。妇女运动的发展随着现代化的开端而步入规模时代，由自发的反抗进入到有一定指导思想引导的自觉的妇女联合运动。在女性主义思想方兴未艾的时候，马克思主义妇女观形成和发展起来，一度占领世界妇女理论的半壁江山，并在苏联、中国等社会主义国家付诸实践。而作为一个国家的意识形态，至今还没有哪种女性主义的思想在社会实践中产生马克思主义妇女观那样翻天覆地的实际效应。在《德意志意识形态》中，马克思和恩格斯指出："解放"是一种历史性活动，不是思想活动。只有在生产发展的历史中，即在现代化的视域下，才能理解妇女运动兴起的缘由和走向。

但是，西方女性主义在当代依然拥有很大的市场，笼络了不少的信徒。包括中国的许多社会学、文学领域的专家学者，他们以谈女性主义为时髦。女性主义被错误地认为是妇女解放唯一正确的理论主张。这就等于把女性主义理论所倡导的东西当作了一种普世价值。然而，由于地域、民族、传统、经济、政体等的不同，普世价值终究是空中楼阁，至少现在的实际情况是这样的。女性主义者指责马克思主义是经济决定论者，但马克思主义并不是唯经济决定论者。马克思主义妇女观当然重视妇女的经济地位和经济权利，并且认为这是妇女解放最主要的因素；但同时马克思主义妇女观还在其他方面同样要求争取女性的正当利益。女性主义在许多具体利益的争取上，为妇女解放作出过非常重大的贡献。马克思主义理所当然地需要汲取和借鉴人类文明所创造的一切优秀成果。但认清女性主义的阶级本质和部分女性主义分子的种种消极主张，是我们在汲取女性主义有益成果时必须保留的"防守之势"，攻防兼备乃是作战之道。思想领域的交锋也必须有"两手"：一手取敌之要害；一手防敌之攻击。在吵吵闹闹的理论碰撞中，真理越辩越明。

中国的现代化起步较晚，值此发展飞跃之际，也是矛盾凸显之时。市场的两面性，给我们带来发展机遇的同时，也给两性关系带来了新的问题。妇女解放运动在现代化进程中取得的成绩十分惊人，但对夹杂在社会主义市场经济肌体中的“流行病”如果不及时予以诊治，则很可能会贻害社会健康发展。女性主义流行于世，是对妇女地位和妇女解放高度重视的表现，是好事。但不加取舍地滥用西方思想来取代马克思主义妇女观，则会使好事变成坏事。五四时期的中国先进知识青年已经尝试过用西方女性主义思想来挽救中国妇女，事实上彻底失败了。马克思主义妇女观是经过实践检验的唯一适合中国国情的妇女解放理论。本书对马克思主义妇女观和女性主义各自的形成发展，以及它们曾经在历史上所取得的成绩都力图给出一个客观公正的评介，以此来辨别二者在理论和实践上的异同。结果我们发现：它们并非你死我活的两个理论体系。在中国以及一切社会主义国家，当然毫不犹豫地坚持马克思主义妇女观在妇女运动和妇女工作中的绝对主体地位，但我们也积极主动地吸取女性主义思想的有用成分。在西方女性主义那里，尽管对马克思主义处处非难，但非难中正体现了它们对马克思主义的重视，或者说马克思主义对它们的影响。

我们不盲目乐观，但我们信念坚定。马克思主义妇女观一定能够指引中国妇女取得更加彻底的解放，在现代化经济文化水平不断提高的同时，男女两性也将更加和谐。如今世界已经进入到新媒体驾驭世界的新时期，这个时代的特征是技术赋权的能力超越了以往一切世代。新媒体能不能够成为女性彻底解放的自动机，这是一个有待理论研究和实践检验的问题。一方面，现实生活看上去更加倾向于两性和谐，女性在虚拟社区的活动能力和活动范围远远超出了同一时期她们在现实生活中的参与度。当然，或许在虚拟社区的这种参与，在当今这样一个媒介狂飙突进的时代，同时成了一种改造社会现实的活动。

各种新媒体活动计划的设计都偏向于女性的解放或者奴役。这是两个相反相成的力量。一种力量把女性拉向简单弱智的游戏世界，诸如 QQ 游戏这般；一种力量使女性突破了体力上的欠缺而获得与男人同等的能力。这两种力量在新媒体时代发挥了极为重要的作用，前者使人对新的技术发展抱有悲观失望的情绪，而后者则鼓励女性同胞在新社会贡献自己的聪明才智。只要不将“女性主义”和“男性主义”作特定的研究或关注，人们就会轻易忽视现代社会男权势力发展的隐性化。正如马克思在谈到资本主义的剩余价值来源的时候所说的，早期资本主义阶段，资本家采取延长工人劳动时间和增强工人劳动强度的方式来榨取更多的剩余价值，而晚近以来的资本主义则显得温情脉脉，他们甚至减少工人的劳动时间和降低工人的劳动强度，但是，资本家对工人的剥削程度则增加了。这种增加了的剥削，被一些麻痹的奴才和用心险恶的资产阶级学者所歌颂。新媒体时代的男权统治，如果采取男性暴力（此处指前文所讲的硬暴力）的手段，或者在基本的生活领域敌视女性，那将会是遭受全世界唾弃的行径，犹如印度妇女所承受的那种骇人听闻的遭际。所以，现在的人们不再那样，男权主义思潮以更加隐秘的方式暗流涌动。这种暗流以关爱女性的方式出现（此处指前文所讲的软暴力）。关爱女性的美——从而用男人的标准来雕琢和削造女性的形体；关爱女性的家庭——从而用男人的需求来指引女性培养所谓的女德；关爱女性的心理——从而建议和引诱女性隐忍人间苦难；关爱女性的健康——从而以占有者的姿态占有女性的身体和灵魂。被圈养或者被放养不是一个人是否独立的分界线。人格尊严的获得才是人的独立性的源泉。这种源泉在传统学者看来来自于经济独立，从而鼓动女性在事业竞争中做和男人同样数量和强度的工作。但是，对于女性额外支出的相夫教子和料理家务的付出则视而不见。女性在生活资料生产和人口生产两个领域承担责任，而男人以生活资料生产领域的权威口吻和领导者姿态宣布女性进入职场的条件和准则。

新媒体时代最为令人不安的是理性暴力（软暴力）的过度使用。媒介发展的极限（也许没有极限），使人们对浅阅读获得的印象（我不屑于说这是一种知识）信以为真，在仓促做出回应的时候就把女性设置在一定的位置供人们点评。新技术对两性和谐的贡献是信源革命导致的信息权力的下移，它在事实上使妇女取得了与男子相同的话语权力。但是，新媒体的意识形态化导致了人生活于新媒体时代中除了便捷的信息获取通道外，也增加了人们的信息负担，以至于有人提出需要信息节食。妇女面临的信息问题是多方面的，然而这些问题的根子在于资本在社会中君临一切的姿态没有被取消。在现阶段，尤其是在资本主义国家，民本信息相对稀缺，而资本信息则出现过剩的现象。社会主义国家具有巨大的制度优势，在扭转“信息由民本走向资本”的过程中所具有的优势是显而易见的。新媒体时代两性和谐关系的构建既不能寄希望于技术本身，亦不能寄希望于信息背后的资本力量，而应当寄希望于社会主义制度的自我完善和它在国际社会中是否能够站在信息制高点上。妇女问题的彻底解决和两性和谐社会的到来取决于“技术—经济—政治—文化”的有机结合，以及这种结合是否朝着共产主义社会理想前进。

参考文献

专著：

1. 毛泽东选集 . 北京：人民出版社，1991.

2. 江泽民文选 . 北京：人民出版社，2006.

3. 胡锦涛 . 高举中国特色社会主义伟大旗帜，为夺取全面建设小康社会新胜利而奋斗——在中国共产党第十七次代表大会上的报告 . 北京：人民出版社，2007.

4. 胡锦涛 . 在纪念党的十一届三中全会召开 30 周年大会上的讲话 . 北京：人民出版社，2008.

5. 马克思恩格斯全集（32）. 北京：人民出版社，1965.

6. 列宁全集（37）. 北京：人民出版社， 1986.

7. 李大钊全集（1-4）. 石家庄：河北教育出版社，1999.

8. 斯大林 . 论苏联伟大卫国战争 . 北京：人民出版社，1954.

9. 罗荣渠 . 现代化新论——世界和中国的现代化进程 . 北京：商务印书馆，2004.

10. 黎国智主编 . 马克思主义人权理论概要 . 成都：四川大学出版社，1992.

11. 中国社会科学院哲学所历史唯物主义研究室，中国历史唯物主义研究会编 . 马克思、恩格斯、列林、斯大林论人性、异化、人道主义．北京：清华大学出版社，1983.

12. 中华人民共和国全国妇女联合会编．马克思、恩格斯、列林、斯大林论妇女．北京：中国妇女出版社，1990.

13.（德）奥古斯特·倍倍尔．妇女与社会主义．葛斯，朱霞译．北京：中央编译出版社，1995.

14. 张天祥，罗文，陈路主编．马克思主义经典著作理论研究．昆明：云南大学出版社，2008.

15. 李秀林，王于，李淮春主编．辩证唯物主义和历史唯物主义原理．北京：中国人民大学出版社，2004.

16. 李涛．毛泽东与巾帼英豪．北京：长征出版社，2006.

17. 罗国杰主编．人道主义思想论库．北京：华夏出版社，1993.

18. 伍庆玲．现代中东妇女问题．昆明：云南大学出版社，2004.

19. 沈奕斐．被建构的女性：当代社会性别理论．上海：上海人民出版社，2005.

20. 黄华．权力、身体与自我：福柯与女性主义文学批判．北京：北京大学出版社，2005.

21. 李小江．女性/性别问题研究．济南：山东人民出版社，2005年。

22. 郝立新．当代中国马克思主义哲学通俗读物：大众哲学对话录．贵阳：贵州人民出版社，2009.

23. 黄育馥，刘霓．时代女性——中外比较研究．北京：社会科学文献出版社，2002.

24. 杜芳琴，王政主编．中国历史中的妇女与性别．天津：天津人民出版社，2004.

25. 马元曦，康宏锦主编．社会性别·族裔·社区发展译选．北京：

中国书籍出版社，2001.

26. 王延平主编 . 西方社会病（公安部公共安全研究所组织编写）. 北京：人民日报出版社，1992.

27. 杜芳琴，王政主编 . 社会性别 . 天津：天津人民出版社，2005.

28. 胡传荣 . 经济发展与妇女地位的变迁——经济发展程度不同的国家之间的比较研究 . 上海：上海外语教育出版社，2003.

29. 骆晓戈主编 . 女性学 . 长沙：湖南大学出版社，2004.

30. 魏国英主编 . 女性学概论 . 北京：北京大学出版社，2000.

31. 王政 . 越界——跨文化女权实践 . 天津：天津人民出版社，2004 年。

32. 蔡一平等 . 社会性别与妇女发展 . 西安：陕西人民教育出版社，2000.

33. 中国女性文化编委会编 . 中国女性文化（NO.1）. 北京：中国文联出版社，2001.

34. 中国女性文化编委会编 . 中国女性文化（NO.2）. 北京：中国文联出版社，2001.

35. 啜大鹏主编 . 女性学北京：中国文联出版社，2001.

36. 李银河编 . 妇女：最漫长的革命：当代西方女权主义理论精选 . 上海：三联书店，1997.

37. 康玲主编 . 妇女发展与对策，第四次全国妇女理论研讨会论文集 . 北京：当代中国出版社，1998.

38. 胡明舜，林建军 . 妇女人权理论与实践 . 长春：吉林人民出版社，2005.

39. 潘绥铭 . 神秘的圣火——性的社会史 . 郑州：河南人民出版社，1988.

40. 李静之，张心绪，丁娟 . 马克思主义妇女观 . 北京：中国人民大学出版社，1992.

41. 王金玲主编．中国妇女发展报告（NO.1）（妇女发展蓝皮书）．北京：社会科学文献出版社，2006.

42. 谭琳主编．1995—2005年：中国性别平等与妇女发展报告（妇女绿皮书）．北京：社会科学文献出版社，2006.

43. 牟杨珠，杨鸿台编．中华女界之最．上海：上海人民出版社，1993.

44. 杜正春主编．非政府论坛在北京．北京：中国人事出版社，1995.

45. 吕美颐，郑永福．中国妇女运动（1984—1921）．郑州：河南人民出版社，1990.

46. 孔寒冰，许宝友．国际妇女节考．北京：北京大学出版社，2004.

47. 王正平主编．伦理学与现时代．上海：上海三联书店，2004.

48. 张广利，杨明光．后现代女权理论与女性发展．天津：天津人民出版社，2005.

49. 李银河．女性主义．济南：山东人民出版社，2005.

50. 肖巍．女性主义关怀伦理学．北京：北京出版社，1999.

51. 谭琳，刘伯红主编．中国妇女研究十年，回应《北京行动纲领》（1995—2005）．北京：社会科学文献出版社，2005.

52. 李雅莉．毛泽东十大思想研究．兰州：甘肃文化出版社，2005.

53. 孟宪范主编．转型社会中的中国妇女．北京：中国社会科学出版社，2004.

54.（美）W. 特劳比修．爱与性的烦恼．袁方译．北京：职工教育出版社，1988.

55.(英)R.W.费夫尔.西方文化的终结.丁万江，曾艳译.南京：江苏人民出版社，2004.

56.(美)莫特玛·阿德勒，查尔斯·范多伦编.西方思想宝库.周汉林等，译.北京：中国广播电视出版社，1991.

57.(法)西蒙·波伏娃.第二性.北京：中国书籍出版社，1998.

58.(美)罗斯玛丽·帕特南·童.女性主义思潮导论.艾晓明译.武汉：华中师范大学出版社，2002.

59.(英)玛格丽特·沃斯特.女性主义简史.朱刚，麻晓蓉译.北京：外语教学与研究出版社，2008.

60.(美)佩吉·麦克拉肯主编.女权主义理论读本.桂林：广西师范大学出版社，2007.

61.(加)巴巴拉·阿内尔著.政治学与女性主义.郭夏娟译.北京：东方出版社，2005.

62.(美)詹姆斯·施密特编.启蒙运动与现代性.徐向东，卢华萍译.上海：上海人民出版社，2005.

63.(英)玛丽·沃斯通拉克夫.女权辩护.王蓁译.北京：商务印书馆，1995.

64.(美)苏珊·格里芬.自然女性.张敏生，范代忠译.长沙：湖南人民出版社，1988.

65.(英)约翰·斯图尔特·穆勒.妇女的屈从地位.汪溪译.北京：商务印书馆，1995.

66.(美)詹妮特·A.克莱妮编著.女权主义哲学——问题、理论和应用.李燕译校.北京：东方出版社，2006.

67.(美)罗兰·斯特龙伯根.西方现代思想史.刘北成，赵国新译.北京：中央编译出版社，2005.

68.(英)伊丽莎白·赖特.拉康与后女性主义.王文华译.北京：

北京大学出版社，2005.

69.（美）伊琳·吉特，米拉·考尔·莎主编．社区的迷思——参与式发展中的社会性别问题．北京：社会科学文献出版社，2004.

70.（美）凯瑟琳·A.麦金农．言辞而已．王笑红译．桂林：广西师范大学出版社，2005.

71.（美）简·盖洛普．通过身体思考．杨莉馨译．南京：江苏人民出版社，2005.

72.（美）凯瑟琳·W.伯海德．全球视角：妇女、家庭与公共政策．王金玲等译．北京：社会科学文献出版社，2004.

期刊：

1.江泽民．全党全社会都要树立马克思主义妇女观．人民日报，1990-03-08（1）.

2.王淼．介评后现代女性主义对马克思主义的态度．黑龙江社会科学，2007（3）.

3.宋建丽．改革开放30年来中国女性主义伦理学研究．伦理学研究，2009（1）.

4.刘阳，易如．《新青年》的马克思主义妇女观．华东理工大学学报：社会科学版，2005（4）.

5.李杰．后现代女性主义理论的范式推进及其研究困境．河北学刊，2007（4）.

6.潘迎华．19世纪英国女性主义与自由主义关于妇女劳动权益思想剖析．浙江社会科学，2004（2）.

7.钟梦姣，秦晓．Feminism·马克思主义·女性解放．鄂州大学学报，2005（4）.

8.燕宏远，梁小燕．柏拉图：西方“女性主义”的先驱者．哲学动态，2005（10）.

9. 方钰．波伏娃存在主义的女性主义哲学思想渊源探析．山东社会科学，2008（12）．

10. 强乃社．超越女性同一性与回归马克思主义——论第三波女性主义哲学思想中的一种倾向．社会科学辑刊，2007（2）．

11. 李霞．传统女性主义的局限与后现代女性主义的超越．江汉论坛，2001（2）．

12. 陈彩云．从“平等”、“社会性别”到“公民资格”——西方女性主义的理论转向．妇女研究论丛，2002（4）．

13. 杨玉珍．“双性同体”与伍尔夫的女性主义思想．江西社会科学，2002（1）．

14. 邓春玲．关汉卿进步的妇女观．南方论刊，2001（5）．

15. 罗蔚．关怀政治伦理：女性主义对公正政治伦理的抗争．南昌大学学报：人文社会科学版，2005（3）．

16. 孔云梅．关于“女性主义”问题研究综述．中州学刊，2003（2）．

17. 贾秀总，倪颖．关于马克思主义妇女观的主要特点和学习要领．中华女子学院学报，2000（3）．

18. 刘淑丽．汉代儒家正统妇女观的演变．社会科学辑刊，2003（6）．

19. 石潇纯．和谐女性主义：人类性别观念的历史性超越．求索，2007（9）．

20. 周春．黑人女性主义批评的对话意识．文艺理论与批评，2006（1）．

21. 张红，谈咏梅．后波伏娃时代的法国女性主义．学海，2008（6）．

22. 李霞．后现代女性主义的困境及其可能出路．淄博学院学报：社会科学版，2000（1）．

23. 王淼．后现代女性主义的起源、发展及对当代的影响．理论界，2007（1）．

24. 贺璋瑢．后现代女性主义的思想渊源浅析．世界历史，2002（5）．

25. 王淼．后现代女性主义对妇女解放和发展的意义．理论月刊，2007（7）．

26. 潘萍．“与时俱进”——马克思主义妇女观的灵魂．中华女子学院学报，2004（4）．

27. 雷希．中华民族的再凝聚论纲——兼以中华民族的当代精神．云南师范大学学报：哲学社会科学版，1992，（5）．

28. 郭正红．从国外女权社会主义思潮透析现代女性．广西大学学报：哲学社会科学版，2002（6）．

29. 王周生．从男女平等到性别平等——当代妇女观与“跨性别”弱势群体．毛泽东邓小平理论研究，2006（8）．

30. 李晓光．从女权主义到后女权主义——西方女性主义/女权主义的理论转型．思想战线，2005（2）．

31. 魏开琼．从女性主义视角反思本土妇女学的建立．四川大学学报：哲学社会科学版，2004（2）．

32. 刘晓芳．从西方女权主义思潮看现代女性的发展．学术交流，2004（11）．

33. 杨静．当“平等”遭遇性别——看西方女性主义平等观的演变．天府新论，2006（12）．

34. 罗蔚．当代伦理学的新发展：女性主义伦理学评介．伦理学研究，2005（3）．

35.（美）马卓莉·米勒．当代美国女性主义．叶舒宪编译．广东社会科学，1999（5）．

36. 张立平．当代美国女性主义思潮述评．美国研究，1999（2）．

37. 王金伟．当代女性主义的法哲学思考．前沿，2008（5）．

38. 肖巍．当代女性主义伦理学景观．清华大学学报：哲学社会科学版，2001（1）．

39. 陈健．当代西方女性主义公民观评析．中华女子学院学报，2002（5）．

40. 周绍雪．当今世界女性主义流派．新远见，2007（2）．

41. 王如清．“阶级的解放”与“个体的觉醒”——“五四”时期知识分子的两种妇女观刍议．河北大学学报：哲学社会科学版，2000（5）．

42. 朱晓映．后现代视野中女性主义的嬗变．妇女研究论丛，2006（5）．

43. 王金玲．后现代主义：中国大陆女性主义面临挑战与颠覆．浙江学刊，2001（1）．

44. 康沛竹．坚持和发展马克思主义妇女观．高校理论战线，2002（3）．

45. 钱立洁．坚持马克思主义妇女观，正视女大学生就业中的性别歧视．经济与社会发展，2008（12）．

46. 于文秀，郑百灵．解构双重话语霸权：第三世界女性主义理论．南昌大学学报：人社版，2003（3）．

47. 韩康．解构性别本质主义：女性主义对先进性别文化的贡献。妇女研究论丛，2004（5）．

48. 贾秀总，倪颖．“两种生产”理论与马克思主义妇女观．理论学刊，2000（5）．

49. 刘江涛．近年来女性主义哲学中的社会性别研究综述．哲学动态，1999（9）．

50. 林宋瑜．揪着自己的头颅飞翔——“中国女性主义”的虚拟性．南方文坛，2008（3）．

51. 黄晴宜. 科学的发展观与我国妇女事业的发展. 求是，2004 (7).

52. 唐娅辉. 科学发展观：妇女发展的灵魂. 妇女研究论丛，2004 (5).

53. 丁文. 科学发展观视野下的妇女发展. 湖南省社会主义学院学报，2006 (1).

54. 宋晓蓝. 科学发展观与促进妇女全面协调发展. 中共云南省委党校学报，2005 (3).

55. 侯伍杰. 牢固树立马克思主义妇女观，坚决贯彻男女平等的基本国策. 中国妇运，2004 (4).

56. 陈桂炳. 李贽的妇女观及其实践. 南通师范学院学报，2001 (3).

57. 陈文联. 留学生与马克思主义妇女观在中国的传播。湖南大学学报：社会科学版，2008 (6).

58. 宗先鸿. 卢梭与西方女性主义. 中华女子学院山东分院学报，2007 (1).

59. 罗萍. 略论女性主义诸流派的理论与实践. 浙江学刊，2000 (6).

60. 夏国美. 论“女性主义”在中国的出路. 学术界，1996 (5).

61. 陈文联. 论 20 世纪初先进女性的自立观. 深圳大学学报：人文社会科学版，2006 (5).

62. 杨建生. 论瞿秋白的马克思主义妇女观. 党史文苑，2004 (12).

63. 张玉菡. 论李汉俊的马克思主义妇女观. 党史研究与教学，2008 (2).

64. 谢凤华，尹玲娟. 论马克思主义妇女观的现代化. 黑龙江社会科学，2006 (3).

65. 陈李龙．论毛泽东的妇女观．江西社会科学，2000（11）．

66. 夏国美．论女性主义和中国女性的自我意识．上海社会科学院学术季刊，1995（4）．

67. 杨慧．论五四时期毛泽东的妇女解放观．甘肃理论学刊，2003（6）．

68. 潘迎华．穆勒女性主义思想评析．浙江师范大学学报，2004（4）．

69. 李文斌．毛泽东早期的妇女伦理观．湖湘论坛，2001（3）．

70. 董美珍．马克思主义女性主义视域中的科技发展与妇女解放问题．生产力研究，2005（12）．

71. 董美珍．马克思主义女性主义对马克思主义的继承发展．山西大学学报：哲学社会科学版，2009（2）．

72. 陈文联．马克思主义妇女观在中国的历史命运与现代途径．湖南师范大学社会科学学报，2007（2）．

73. 刘宁元．马克思主义妇女观在华传播问题研究．马克思主义研究，2007（4）．

74. 葛彬．马克思主义妇女观与中国实际相结合的光辉典范——论毛泽东对中央苏区妇女的调查．求实，2000（6）．

75. 魏国英，康沛竹．马克思主义妇女观与中国女性学基本理论建设．妇女研究论丛，2003（4）．

76. 李韵．马克思主义妇女观及其指导意义．江西行政学院学报，2005（2）．

77. 祝小丁．马克思主义对女性主义理论的影响．南方论坛，2006（11）．

78.（美）玛莎·E. 希门尼斯．马克思的方法论与女性主义．周守吾摘译．国外理论动态，2005（10）．

79. 杜洁．论西方社会主义女性主义理论建构．信阳师范学院学报：哲学社会科学版，2001（1）.

80. 颜小冬，石潇纯．论西方女性主义与人权思想．湖湘论坛，2004（3）.

81. 孙桂荣．女性主义的“中国焦化”及其在消费时代的深化．东岳论丛，2007（5）.

82. 万莲子．女性主义不能失去价值目标！——论性别审美意识形态的几个主要特征．湖南师范大学社会科学学报，2006（1）.

83. 刘建波．女性主义：中国式标签．山东社会科学，2008（3）.

84. 马晓燕．女性主义·正义理论·社会和谐．思想战线，2008（5）.

85. 陈惠芬．女性主义：越界的挑战．社会观察，2003（3）.

86. 刘霓．社会性别——迈向女性主义理论的中心概念．国外社会科学，2001（6）.

87. 戴桂玉．生态女性主义：超越后现代主义．四川外语学院学报，2005（4）.

88. 赵媛媛，李建珊．生态女性主义：地域视角的解读——欧美生态女性主义与亚洲生态女性主义之比较研究．科学技术与辩证法，2007（5）.

89. 肖巍．生态女性主义及其伦理文化．妇女研究论丛，2000（4）.

90. 郑湘萍．生态女性主义视野中的女性与自然．华南师范大学学报：社会科学版，2005（6）.

91. 王淑合．时代新女性与构建社会主义和谐社会——期望和归因偏差与女性的成就动机．求实，2006（2）.

92. 刘翠玉．试论女性主义性别平等观．广西社会科学，2007（3）.

93. 荒林，诸葛文饶．西方女性主义理论在中国的传播和影响．海南师范大学学报：社会科学版，2007（2）.

94.（英）R·科沃德.我们需要一个新的女性主义吗？.国外社会科学，2000（3）.

95.戴雪红.他者与主体：女性主义的视角.南京社会科学，2007（6）.

96.乔冰，许兰菊.树立科学发展观，促进妇女全面发展.中华女子学院山东分院学报，2005（1）.

97.余春荣.试析中国共产党成立前后的妇女观.北京党史，2007（4）.

98.谢凤华，杨华，范新民.试析第三代中央领导集体对马克思主义妇女观的发展.河北经贸大学学报：综合版，2006（1）.

99.雷希.论市场经济和集体主义的互利性.云南民族学院学报：哲学社会科学版，2000（4）.

100.肖巍.女性主义对“性生物决定论”的挑战.河北学刊，2001（1）.

101.王晶，师吉.女性主义对构建和谐家庭性别分工模式的思考.中华女子学院学报，2008（4）.

102.高德胜.女性主义伦理学视野下道德教育的性别和谐.教育研究，2006（11）.

103.董之林.女性主义批评：并不奢侈的今日话题.东南学术，2001（6）.

104.刘霓.女性主义学术研究的成果与特点.国外社会科学，1998（1）.

105.胡晓红.女性主义研究理念的现代转向.浙江学刊，2004（2）.

106.邱仁宗.女性主义哲学述介.哲学动态，2000（1）.

107.尹旦萍.女性自己的声音——新文化运动时期女性的女

性主义思想．妇女研究论丛，2004（3）．

108.车铭洲．反思现代女性主．南开学报：哲学社会科学版，2007（2）．

109.杨晓宁．对女性主义社会性别概念的哲学透视．学术交流，2003（10）．

110.马晓燕．对女性主义“平等”理念的考察与反思．妇女研究论丛，2007（3）．

111、谢国光．试析当代社会境遇中的女性主义．社会科学论坛，2005（11）．

112.荣维毅．中国女性主义研究浅议．北京社会科学，1999（3）．

113.戴雪红．性别与哲学——女性主义哲学的当代发展．山西师大学报，2009（3）．

114.陈文联．对马克思主义妇女观在中国早期传播的历史考察．理论学刊，2007（3）．

后 记

2008年年底，我开始关注妇女问题，但还停留在对社会现实的感性了解。当时在就业市场上出现的歧视女大学毕业生的现象就已经比较突出了。在农村，广泛存在的重男轻女的思想顽固地扎根到了我们的社会肌体之中，像毒瘤一样侵蚀着我们所处的社会。家务劳动被认为是一种远离社会关系的非必要劳动，它既被一些男权主义者所厌弃，又被他们强行塞给了妇女同胞。我在湖南洞庭湖畔从事中学教学的时候，就已经被“半边户”（夫妻双方只有一人有国家单位工作的家庭住户）的那种恶斗或尊卑关系所震撼。在这样的家庭里，没有国家单位的那一方是完全没有地位的，当然，这样的家庭往往都是男性一方有“正式工作”（特指有国家行政或事业编制的工作），而妇女则往往没有自己的稳定工作。如此，妇女在家庭中的地位也就处于卑屈地位，这在一些研究者看来都是理所当然的，因为“经济基础决定上层建筑”。它已经完全默认家务劳动是社会劳动体系之外的活动，从而不具有社会价值。从事专职家务劳动和负责孩子教养的妇女在很多人眼里被看作是不占有社会生产关系中的任何角色之位置的。我很容易记起当时的一些男同事在家里的显赫地位和威武神态——尽管那时候的月工资收入无非就是几百块钱而已。

对几百块钱就能控制和役使自己的伴侣做任何他想要的事情，在当时的一些人看来也许是毫无疑义的——其实，好些年过去了，这样的事情还依然存在，尽管工资收入也许成十倍地上涨了，那不能说明什么问题！我们无需通过分析扣抵经济增长和通货膨胀等因素来衡量金钱收入的多寡与对于女性歧视的合理性之关系。尽管在完全脱离经济关系的基础上做这样的想象是违背历史唯物主义的，但历史唯物主义同样没有告诫人们把人口自身的生产和家务劳动当作是卑劣的事情，或者纯粹是个人的事情。马克思主义关于私有制是妇女不平等地位的根源的论断是非常深刻的。恰恰是在私有制度的基础上，妇女的屈从地位被换着花样来演绎，甚至一度以爱的名义来抹杀两性之间的不平等——那种理性文化的暴力已经远远超出了人们的想象——在21世纪，能够在肉体上继续逞勇的莽夫终究是个别的。“野蛮”一旦穿上时髦的外衣，就显得“文明”多了。

打个比方说，有两头黄牛，一头黄牛被农民牵着在堤坝上吃草，一头黄牛被农民赶着在耙地。“专家”们和长期被“传统文化”熏陶的人往往会用非常独特的“视野”来看待这两头黄牛。“专家”认为，一头黄牛由被人牵着走，到（黄牛）自己走在前头，农民跟在后面这样的结局，是“一次伟大的胜利”。因为至少有如下两方面的原因：其一，黄牛正式参与到经济生产活动中来了，经济上的独立是“牛格”独立的前提；其二，黄牛能够“发挥主观能动性”了，已经彻底颠覆了和农民之间的关系，不是农民牵着黄牛走，而是黄牛拖着农民走。仅此两条，就足以看出黄牛在后一种情形下的伟大革命性胜利。在这里，“专家”关注的焦点是“牛走先还是牛走后”的重大问题。黄牛的可悲之处是，在前一种情形下，尽管它的社会责任被完全剥夺，成为只需要吃饱长膘、无忧无虑活着就万事大吉的存在物，但它的自由同时被剥夺干净。

而在后一种情形下，远远被人看上去，黄牛成为农业生产中的主导力量，但是没有哪一次农耕的重大成果被认为是黄牛的绩效，而跟在牛屁股后面吆喝的农民才是生产资料和劳动成果的主人。当然，更不用说近看的时候，你所看到的那个牛鼻子上始终套着的绳索，还有后面那个农夫手中不离不弃的鞭子。这时候发现的，对黄牛来说，是不是更深的苦难？遗憾的是，一些长期被“传统文化”熏陶的老百姓对黄牛的两种生活状态也习以为常，虽然他们可能在某一阶段正是处在被人牵着或者被人驱赶的地位。一种以“宁在宝马车里哭泣”的拜金形象而出现，另一种则以“事业狂、工作狂”的形象而出现。

拿动物来比附人类的高级行为也许是不对的。不过这里丝毫没有要贬损人类的意味，只是发现有时候可能人也有类似的命运。而假若某些人的确有着类似于黄牛的命运，那么，到底是一种被当作单一用途而被人利用的东西，还是被人综合利用的存在？这大概就是上述两头黄牛的不同状况。只不过，后者被认为是社会的进步。

人，若仅仅作为人自身而活着，则是高贵的（在马克思主义看来，在其现实性上，人是一切社会关系的总和——这种社会关系是丰富的——一旦剥夺了社会生活的丰富性，人就异化为物的存在）。这种高贵不仅仅是一种自我意识的张扬，而且是人伦所焕发出来的美致。任何一种试图通过构建等级秩序而获得优越感或尊严的欲望，都是赤裸裸的狼子野心。普善的意志要求人们以己度人、推己及人、将心比心、换位思考。而伦理的关切被某些人认为是一种理性精神丧失的重要表现，正如那些自视高贵的人时常傲慢地说，“‘情商’是对智商低下者的安慰”。而一个以理论营生的学者若陷入温情脉脉的怜悯与同情之中，似乎是远离了理性精神的冷酷与清晰。而我认为，在理想主义的梦想中构建那些也许还带着乌托邦色彩的蓝图，不也是一件幸福的事情吗？两性之间的和谐本应该是造化的自然状态，而偏偏“自然”状态远离了自然。那么，我们是否就必须用另一种颠倒的方式来实现自己的梦想？有人会理所当然地想到女性主义（女权主义的说法也许会遭人厌弃）。女性主义的出现在社会历史中曾经起过非常革命的作用，那是一种关乎人类命运的内心呐喊。可我甚至都不希望有这么一个“主义”，并非害怕失去男性传统文化统治的“文明”秩序，而是为这种脆弱而揪心的声音感到难过。

在本书中，对女性主义的一些评价也许是完全偏离方向的，但那是一个认识过程的痕迹，我不希望抹杀这样的痕迹而显示自己受到男权文化的毒害有多么微乎其微。保留原作的不足（本书关于女性主义的部分论述是7年以前的事情了），并非对读者的轻谩，而是对自己成长历程的确认。坦率的浅见远没有故作高深那般令人生厌。当然，为自己的无知辩解同样是滑稽可笑的。妇女问题是一个常新的话题，在每一个历史发展的新阶段都会引申出一些新的问题。刚刚过去的“双十一”节，流行着“败家娘们”的调侃——我不知道这种调侃的具体意味到底如何。但我知道一些男性对伴侣无底线地痴迷于网络购物感到无可奈何，这种“无奈”可能源于以下四个方面的原因：其一是男性天然（普遍？）更具有理性，其二是家庭分工导致女性有更多的时间和精力进行网络消费，其三是男性在充当经济支柱的时候显得力不从心，其四是夫妻双方达不到意见协调。或许还有别的原因，但一声“败家娘们”无论蕴含了多少“爱”或“累觉不爱”，都使得那个自称顶天立地的形象立刻萎缩下来了。不过，最为遗憾的是，女性自己也进入了男权主义的话语模式。因此，在我看到那些“暴晒”购物心得的同时自我调侃“又败家了”的女同胞发出一条条看似轻描淡写，甚至“仅供娱乐”的微博时，心中竟不免为男权文化的暴力浸淫感到恐惧。它的“统摄力”远远超乎我们的想象。

把生活的调侃当作严肃的学术话语或者意识形态来对待是违背浪漫主义主旨的。在一个温情脉脉的（心照不宣的）世界说一些倒胃口的话是不合时宜的。然而，我竟然至今相信，爱是具有魔力的，我们不需要把“另一半”树立为自己的对立面就能找到生活的乐趣和激情。躯体的对象性的遗忘是爱的对象性的生成。我们是彼此的另一半。

本书写作得到李建立老师的鼓励与指导。写作过程中的彷徨与苦闷主要是来自自身知识的贫乏；但这种彷徨与苦闷并没有使我退却，这主要得益于老师们的教诲与勉励。感谢你们，永远值得尊敬的老师！本书初稿形成时间较早，准备出版此书的时候，已然发现了书中的部分不足和缺陷，但对原稿在“两性和谐”上的主旨大义并没有丝毫动摇。而对马克思主义妇女观之科学性与革命性的统一也坚信不疑，甚至对两性和谐的美好未来仍怀抱着由衷的期待和满满的信心，从而以为正式将其出版也并非没有意义。当然，由于作者本人水平有限，书中难免有不当之处（甚至完全违背读者意愿的内容），恳请方家不吝赐教。

何华征　2014 年 11 月 26 日于遵义凤凰山下